MAKER WORKSHOP

Geniale Projekte zum Tüfteln, Staunen und Spielen

Dr. Alison Buxton

INHALT

Machen!

Erfinden!

EINLEITUNG

Du kannst sofort loslegen! Dieses Buch enthält alles, was du für eine ganze Reihe toller Projekte benötigst – so kannst auch du im Nu zum Maker werden. Mithilfe der Projekte eignest du dir viele Techniken und Tricks an, derer sich auch Profis bedienen. Und du erfährst auch noch, wie die einzelnen Projekte von echter Wissenschaft inspiriert wurden.

Die Projekte sind nach Schwierigkeitsgrad sortiert, von einfach bis fortgeschritten. Du wirst also ganz leicht etwas finden, was deinen Fähigkeiten entspricht. Etwas gefällt dir nicht? Du möchtest zwei Projekte kombinieren, oder das Projekt lieber nach deiner eigenen Vorstellung umsetzen? Nur zu! Genau das macht wahre Maker aus!

ÜBER DIE AUTORIN

Dr. Alison Buxton unterrichtet Maker Education in Großbritannien. Nach über 17 Jahren Erfahrung als Sozialarbeiterin mit MINT-Schwerpunkt gründete sie 2014 die Non-Profit-Organisation STEAMworks. Derzeit arbeitet sie als Consultant bei MakerEd UK sowie in Teilzeit als Makerspace-Entwicklerin an der Universität von Sheffield. Folge ihr auf Twitter unter @MakerEdUK.

DAS WERKZEUG

DAS HIER SIND DIE WERKZEUGE, DIE FÜR MAKER BESONDERS NÜTZLICH SIND. WAS DAVON HAST DU SCHON?

Heißklebepistole

1 Lass die Pistole erst ganz aufheizen, bevor du zu kleben beginnst.

2 Manchmal tropfen Heißklebepistolen, wenn sie gerade nicht benutzt werden – lege sie also auf eine Matte oder stelle sie in eine Halterung, damit deine Arbeitsfläche sauber bleibt.

3 Benutze nicht zu viel Kleber, denn er kann auf andere Teile deines Modells tropfen.

4 Du solltest für alle Fälle immer Ersatz-Klebesticks zur Hand haben.

5 Denke daran, die Heißklebepistole auszustecken, wenn du fertig bist.

SICHERHEITSTIPP

Die Metallspitze der Heißklebepistole kann sehr heiß werden. Also: Finger weg von der Spitze!

Zangen

1 Zangen werden zum Schneiden, Zusammendrücken oder Biegen flexibler, aber steifer Materialien verwendet, zum Beispiel Metall und Draht.

2 Es gibt sie in verschiedenen Formen, die unterschiedliche Zwecke erfüllen. Für die Projekte in diesem Buch sind Nadelzange und Seitenschneider wichtig.

SICHERHEITSTIPP

Beim Schneiden von Metall können scharfe Kanten entstehen, und Metallsplitter sind noch schwieriger herauszuziehen als Holzsplitter! Die scharfen Kanten immer mit Schleifpapier behandeln.

3 Beim Schneiden mit der Zange die flache Seite der Schnittkante so nah wie möglich an der Stelle ansetzen, an der du schneiden möchtest.

Ahle

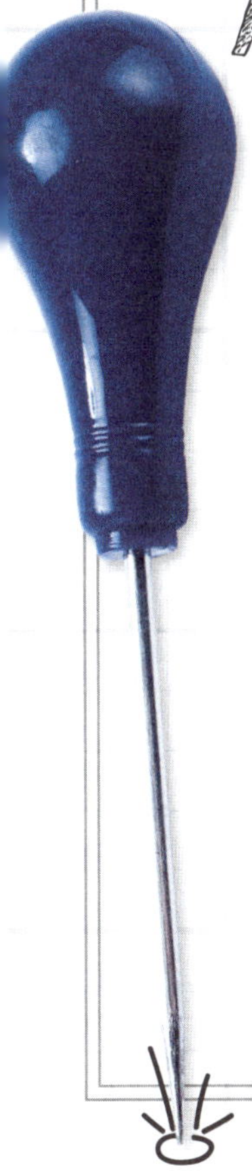

1. Dieses Werkzeug sieht ein bisschen aus wie ein Schraubenzieher, hat aber eine scharfe Spitze.

2. Man benutzt es zum Vorbohren von Löchern und es ist zudem praktisch, um Löcher in Karton oder Styropor zu bohren.

SICHERHEITSTIPP

Mit der scharfen Spitze kann man prima Löcher stechen, aber halte sie von deinen Händen fern! Lege ein Brett oder etwas Knete unter deinen Baustoff, damit die Ahle deine Arbeitsfläche nicht beschädigt.

SICHERHEITSRISIKO

!

Geringes Risiko – Solange du das Werkzeug wie vorgesehen benutzt, bist du auf der sicheren Seite.

!!

Mittleres Risiko – Werkzeug immer sicher verstauen und sofort wegräumen, wenn du mit der Arbeit fertig bist.

!!!

Hohes Risiko – Dieses Werkzeug muss mit großer Vorsicht benutzt werden. Wenn du nicht sicher bist, wie du es benutzen sollst, frage lieber nach!

Bügelsäge

1. Bügelsägen haben ein feines Sägeblatt, sie sind also ideal, um Kunststoff oder sogar dünnes Metall zu sägen.

2. Das Sägeblatt wird schnell stumpf, kann aber ersetzt werden.

3. Spanne dein Werkstück mit Schraubzwingen ein und säge mit beiden Händen. So hast du mehr Stabilität: Mit einer Hand hältst du den Griff und mit der anderen den Rahmen.

SICHERHEITSTIPP

Vorsicht beim Auswechseln des Sägeblatts. Die Zähne müssen immer vom Griff weg zeigen, und das Sägeblatt darf nie mit Gewalt eingesetzt werden.

4. Beim Sägen kräftig drücken und kleine Stoßbewegungen ausführen.

Teppichmesser oder Cutter

1 Dies sind die besten Werkzeuge für sehr exakte Schnitte durch Papier, Karton oder Klebeband.

2 Solche Messer haben extrem scharfe Klingen, man muss sie also mit großer Vorsicht benutzen.

SICHERHEITSTIPP

Immer auf einer Schneidematte und mithilfe eines dicken Metalllineals auf einer ebenen Oberfläche schneiden. Die Messer an einem sicheren Ort aufbewahren. Sollte die Klinge keine Scheide haben, benutze einen Korken oder einen Klumpen Modelliermasse, um die scharfe Kante zu schützen.

Bitte einen Erwachsenen um Hilfe!

Handbohrmaschine und Bohrer

1 In dieses Werkzeug kann man für diverse Materialien gedachte Spitzen in verschiedenen Stärken einsetzen. Diese Spitzen heißen Bohrer.

2 Verwende einen Bohrer, der für die Größe des Loches, das du bohren möchtest, passend ist.

3 Drehe die Kurbel im Uhrzeigersinn. Du kannst mit der Bohrmaschine Löcher in Holz, Styropor, Kunststoff und Metall bohren.

SICHERHEITSTIPP

Spanne das Werkstück, das du bohren möchtest, in eine Schraubzwinge, sodass es nicht wegrutschen kann. Stich mit einer Ahle ein Loch vor, und beginne erst dann zu bohren.

Schraubenzieher

1 Schraubenzieher haben entweder eine flache Spitze oder ein Kreuz. Es gibt sie in vielen Größen.

2 Für manche kleinen elektrischen Teile werden spezielle Schraubenzieher benutzt.

3 Beim Drehen von Schrauben dreht man das ganze Werkzeug.

4 Wenn du unsicher bist, in welche Richtung du drehen musst, denke an die Eselsbrücke: Links Lösen, Rechts Reindrehen (also L = L und R = R)!

Abisolierzange

SICHERHEITSTIPP

Die Finger solltest du nicht in die Nähe der Schneidefläche kommen lassen.

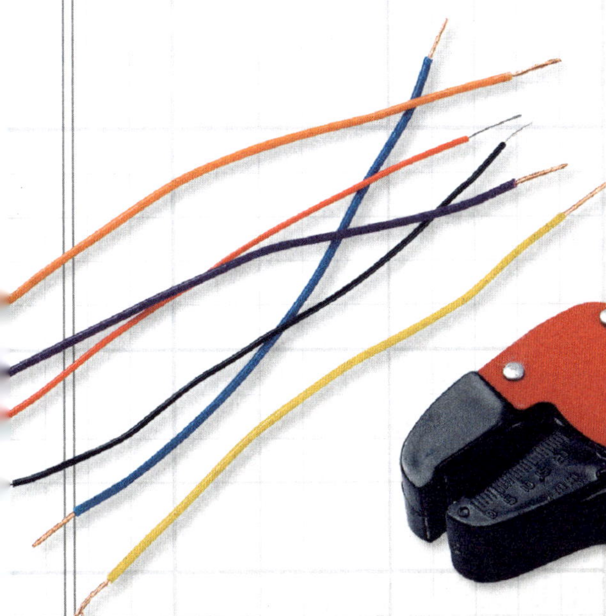

1 Um Kabel an solche Dinge wie Motoren und LEDs anzuschließen, muss man zuerst die Ummantelung der Kabel entfernen.

2 Mit der Abisolierzange drückt man erst eine Einkerbung in die Ummantelung, macht dann einen kleinen Schnitt und zieht zuletzt die nicht benötigte Kunststoffummantelung mit einer schnellen Bewegung ab – einfach genial!

DER MAKER-BAUKASTEN

MAKER SAMMELN STÄNDIG ALLES, WAS SIE VIELLEICHT NOCH FÜR ZUKÜNFTIGE PROJEKTE GEBRAUCHEN KÖNNEN. DIESE DINGE SIND BESONDERS WICHTIG.

Draht

Mehradriger Draht besteht aus vielen dünnen Strängen Kupferdraht, einadriger Draht dagegen aus nur einem einzigen dicken Strang. Für Projekte, wie sie hier beschrieben sind, ist einadriger Draht besser geeignet.

Batterien & Gehäuse

Batterien gibt es in allen möglichen Formen und Größen, aber es kann schwierig sein, sie ohne Fassung zu verwenden. Besonders nützlich sind 1,5 V AA- und 3 V-Knopfzellen.

Lüster-klemmen

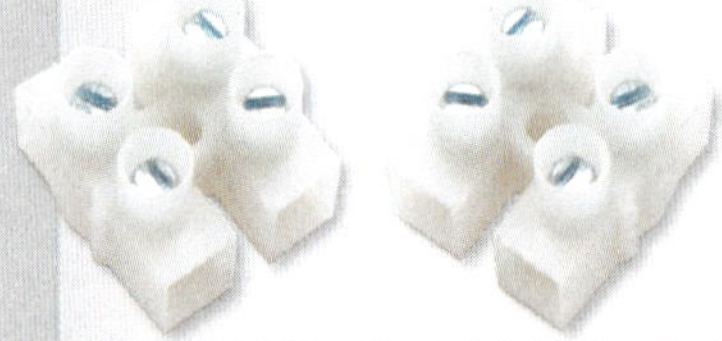

Obwohl sie etwas Platz wegnehmen, sind Lüsterklemmen sehr nützlich, um Drähte zu verbinden.

Kabelbinder

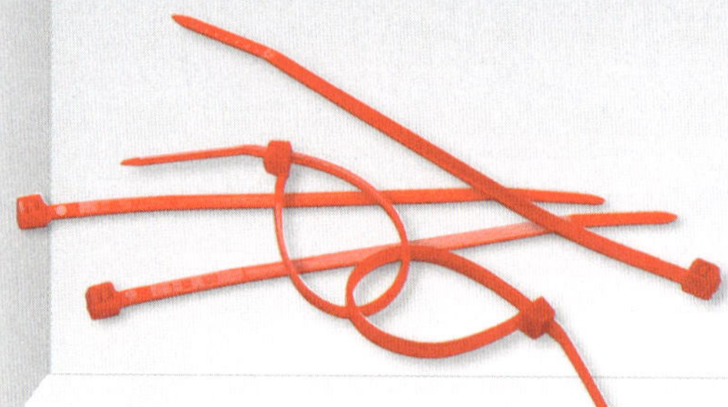

Mit diesen kleinen Kunststoffbindern kann man andere Materialien zusammenhalten.

LEDs

Sie eignen sich gut, um deine Projekte zum Leuchten zu bringen. Nicht vergessen: Das lange Ende ist positiv, das kurze negativ.

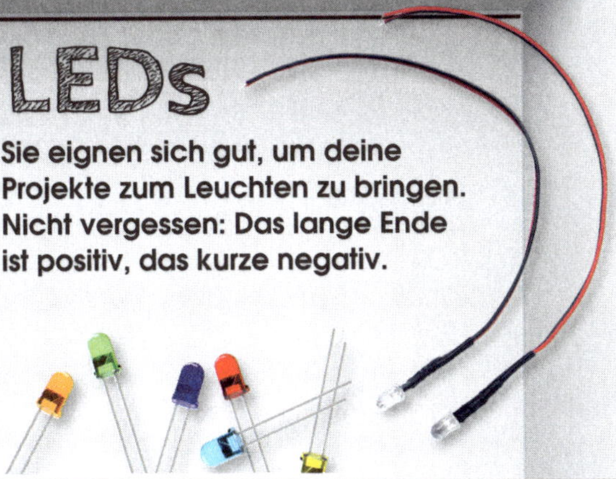

Mini-Gleichstrommotor

Es gibt kleine Elektromotoren, die mit zwei AA-Batterien betrieben werden. Wenn du sie schneller machen willst, hänge vier AA-Batterien dran! Motorstärke wird in Umdrehungen (RPM) gemessen, nämlich in der Anzahl der Umdrehungen des Schaftes pro Minute. Diese Motoren haben 12.000 RPM – das ist eine ganze Menge!

Isolierband

Isolierband ist ideal zum Verbinden von Kabeln – und es macht dein Projekt schön bunt.

Bambusspieße, Stäbchen und Dübel

Hast du gerade keine Holzdübel zur Verfügung? Bambusspieße sind eine tolle Alternative. Sie sind an einer Seite angespitzt, sodass man sie auch benutzen kann, um Löcher in Karton oder Styropor zu bohren.

SICHERHEIT GEHT VOR!

ALLE MAKER WISSEN, DASS SICHERHEIT AN ERSTER STELLE STEHT. BEFOLGE DIESE REGELN, DANN BEGIBST DU DICH NICHT IN GEFAHR.

Passend anziehen

Rolle die Ärmel deines Oberteils nach oben und binde deine Haare zusammen, wenn sie lang sind.

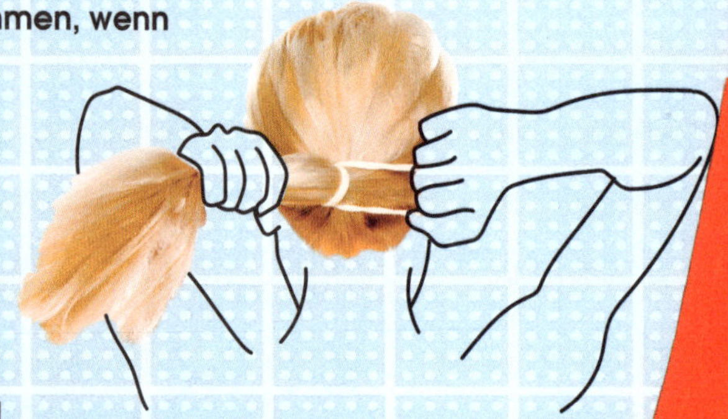

Eine Schürze mit Tasche schützt deine Kleidung. Und du kannst die Schrauben darin verstauen, die du gerade nicht brauchst.

Arbeitshandschuhe schützen dich vor kleinen Schnitten und Heißkleber-Verbrennungen.

Die Augen schützen

Eine Schutzbrille ist wichtig, wenn man mit Werkzeug arbeitet. Schließlich würdest du auch nicht ohne Sicherheitsgurt Auto fahren. Wenn du die Modelle, die wie Schwimmbrillen aussehen, unbequem findest, probiere es stattdessen mit einer einfachen Schutzbrille.

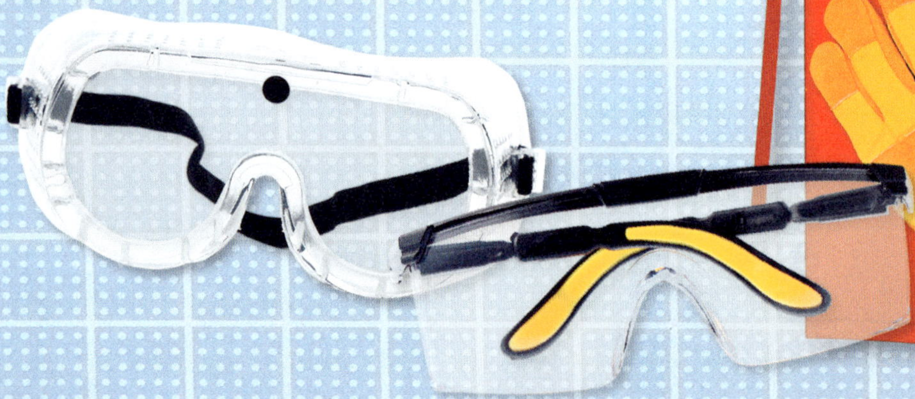

Werkzeug richtig tragen

Achte darauf, wer sich in deiner Nähe befindet und wie du dein Werkzeug transportierst, um niemanden zu verletzen.

Kleine Utensilien wie Schraubenzieher und Draht lassen sich am besten in einem kleinen Werkzeugkasten verstauen.

Richte scharfe Spitzen immer nach unten in Richtung Fußboden.

Brauchst du die Hilfe eines Erwachsenen?

Bitte einen Erwachsenen um Hilfe!

Wenn du die Projekte in diesem Buch umsetzt, achte auf diesen Hinweis. Das Werkzeug ist ungefährlich, solange es sachgemäß benutzt wird. Aber bei den schwierigen Arbeitsschritten ist es immer am besten, einen Erwachsenen um Hilfe zu bitten.

Arbeitsplatz einrichten

Bevor du mit deinem Projekt beginnst, prüfe, ob dein Arbeitsplatz freigeräumt ist, die richtige Höhe hat und genug Platz für Werkzeug und Arbeitsmaterial bietet.

Nicht ablenken lassen

Suche dir einen Ort, an dem du in Ruhe arbeiten kannst, damit du dich auf deine Aufgabe konzentrieren kannst. Wenn du auch nur einen Moment nicht aufpasst, kannst du dich oder andere ernsthaft verletzen.

Richtiges Werkzeug wählen

Verwende immer das richtige Werkzeug für die Aufgabe, die du gerade hast.

Es kann gefährlich werden, wenn man Werkzeug für etwas benutzt, wofür es nicht gedacht ist.

SO WIRST DU EIN MAKER!

Bei der Arbeit an ihren Projekten folgen die meisten Maker bestimmten Prinzipien – genau wie Designer, Ingenieure und andere kreative Menschen.

Selbst wenn man sich an die Anleitung hält, laufen die Dinge nicht immer wie geplant.

Während der Arbeit hast du vielleicht Einfälle, wie du den Entwurf oder das Modell verbessern kannst.

Der Maker-Zyklus gibt einen Rahmen vor, in dem du anfangen kannst, eigene Ideen zu entwickeln, dein Design umzusetzen und auszuprobieren ...

... und, am allerwichtigsten, um herauszufinden, wie du den Prozess noch optimieren kannst.

DER MAKER-ZYKLUS

Frage dich, was du umsetzen oder verbessern willst.

Forsche nach, was andere schon ausprobiert haben.

Überlege wie dein Projekt aussehen könnte.

Plane dein Arbeitsmaterial und deinen Arbeitsprozess.

Mach etwas Tolles!

Teste aus, ob man etwas verbessern kann.

BIONISCHE BOTS

NICHTS IST COOLER, ALS DEINEN EIGENEN FUNKTIONIERENDEN ROBOTER ZU BAUEN! HIER SIND DREI TOLLE PROJEKTE, DIE DIR ALS INSPIRATION DIENEN SOLLEN.

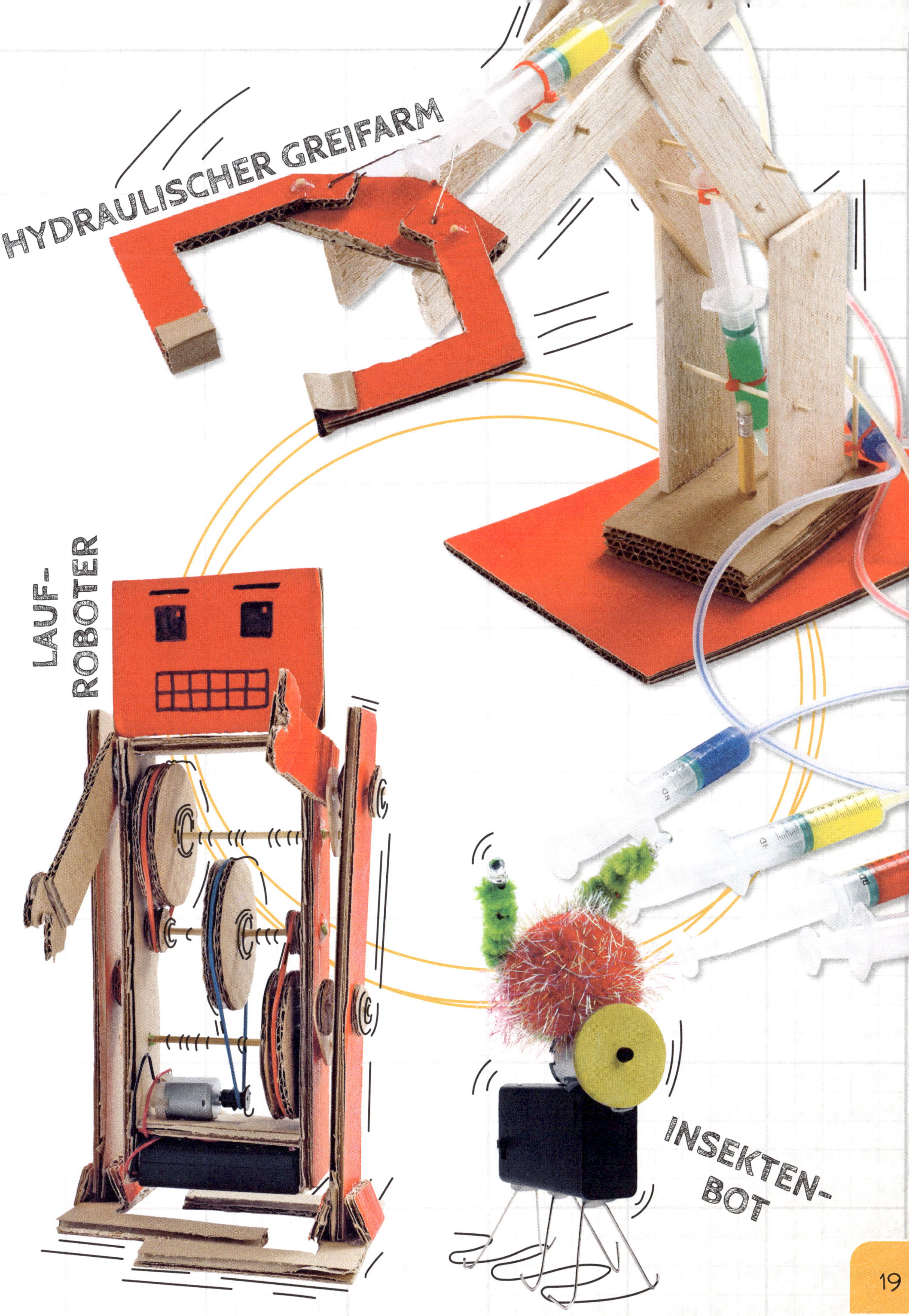
HYDRAULISCHER GREIFARM
LAUF-
ROBOTER
INSEKTEN-
BOT

INSEKTEN-BOT

DIESER KLEINE KERL HÜPFT MITHILFE EINES BESCHWERTEN ELEKTROMOTORS ÜBER GLATTE FLÄCHEN. VIELLEICHT MÖCHTEST DU GLEICH EINEN GANZEN SCHWARM BAUEN?

Du brauchst:

Werkzeug:
- Heißklebepistole
- Schneidematte
- Seitenschneider
- Nadelzange

Verzwirbeln!

1

Stelle sicher, dass du genug freigelegten Draht am Ende der LED-Leuchten hast. Zuerst die beiden schwarzen LED-Drähte, dann die beiden roten Drähte miteinander verzwirbeln.

2

Schließe die Batterien an die LEDs an: dazu den schwarzen Draht mit den schwarzen LED-Drähten und den roten Draht mit den roten LED-Drähten verzwirbeln.

3

Stecke den kleinen Motorschaft-Adapter aus Kunststoff auf den Motorschaft.

4

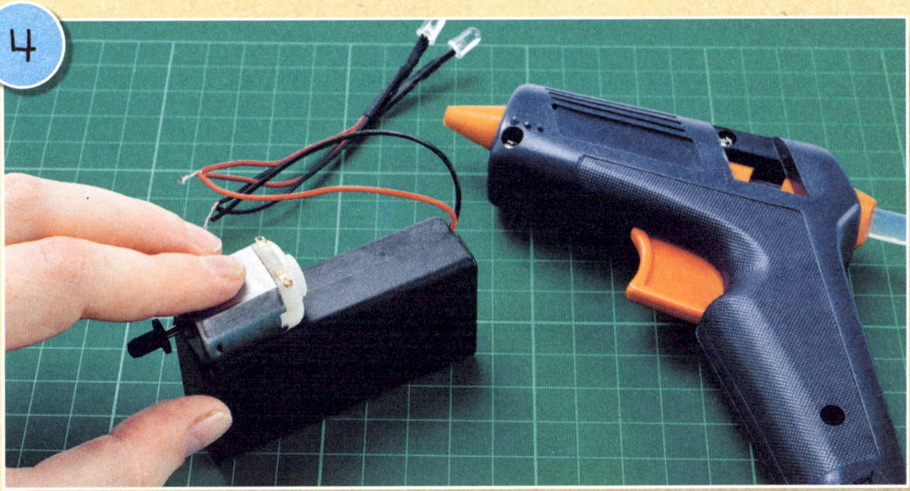

Klebe den Motor auf die Oberseite des Batteriegehäuses. Achte dabei darauf, den Klebstoff nur auf die Seite mit dem Schalter zu geben, damit du das Gehäuse später noch öffnen kannst.

5

Umwickle die LED-Drähte mit sauberen Pfeifenreinigern: Das werden die Stielaugen. Nimm die Farbe, die du am schönsten findest, um deinem Insekt Charakter zu geben!

6

Die freigelegten Drähte mit dem Motor verbinden. Welchen Draht du wie verbindest, spielt keine Rolle, denn das Insekt wird sowieso in die Richtung tanzen, in die der Motor sich dreht.

7

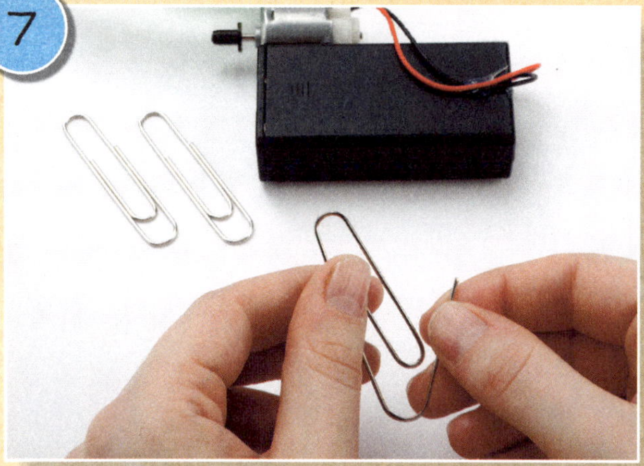

Biege drei große Büroklammern auseinander. Das sollen die Beine werden.

8

Kappe die Büroklammern mit dem Seitenschneider jeweils an den Punkten, die auf dem Bild eingekreist sind.

9

Forme mit einer Nadelzange an den abgeschnittenen Enden kleine Füße.

10

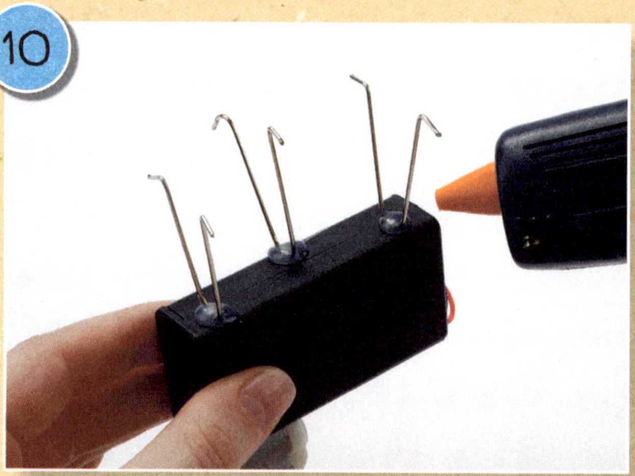

Das Batteriegehäuse umdrehen und die Beine an der Unterseite festkleben: zwei Beinpaare an der einen Seite ankleben, das dritte an der anderen Seite.

11

Befestige am Rand der Kartonscheibe ein kleines Stück Klebeknete. Das bringt den Motor zum Wackeln.

12

Setze die Scheibe auf den Schaft am Motor. Sollte sie nicht festsitzen, fixiere sie mit einem Tropfen Heißkleber.

13

Dein Bot ist jetzt fast fertig. Klebe nun noch coole Verzierungen nach deinem Geschmack an – Flügel, einen Pompon-Kopf, einen Pelz. Dann die Batterien einsetzen, einschalten und dem Insekten-Bot beim Tanzen zuschauen!

HYDRAULISCHER ARM

Dieser Roboter-Arm funktioniert ganz ohne Elektrizität ... er wird mit Wasserdruck betrieben!

Du brauchst:

Werkzeug:

- Ahle
- Seitenschneider
- Bleistift
- Heißklebepistole
- Handbohrmaschine

1 Schneide das Balsaholz zu, die Maße und Stückzahlen siehst du in der Abbildung.

2 Steche mit einer Ahle an beiden Enden der 200 mm langen Holzstücke, etwa 10 mm von der Kante entfernt, mittig Löcher ein. Dies werden die Greifarme.

3

Jetzt an jeweils beiden Enden der 230 mm langen Holzstücke zwei einstechen, jeweils 10 mm von der Kante entfernt. Dann an einem Ende ein zweites Loch einstechen, 60 mm von der Kante entfernt.

4

Drücken!

Nimm zwei 50 mm lange Bambusstäbchen und stecke sie in die Löcher an den Enden der 230 mm langen Holzstücke.

5

Befestige mit einem langen Stäbchen die 200 mm langen Armstücke daran. Schiebe die Stücke ganz nah zusammen und knipse das Stäbchen so ab, dass es noch 3 mm übersteht.

6

Mit der Ahle in die beiden kurzen Holzstücke, 15 mm von der Kante, mittig Löcher stechen. Dies werden die beiden Stützwände.

7

Abknipsen!

Nun mit einem langen Bambusstäbchen die erste Stützwand, die kürzeren Armstücke und die zweite Stützwand verbinden. Knipse das Stäbchen so ab, dass es noch 3 mm übersteht. Die Gelenke festkleben.

8

Verbinde zwei Kabelbinder zu einer Acht.

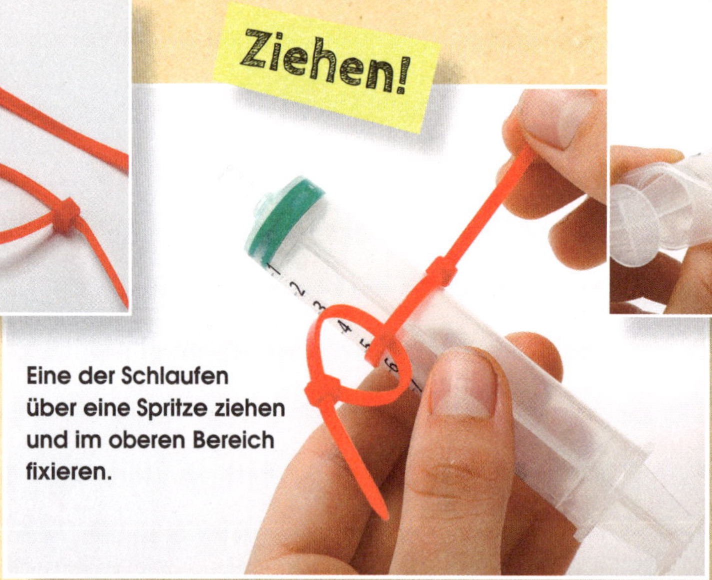

Eine der Schlaufen über eine Spritze ziehen und im oberen Bereich fixieren.

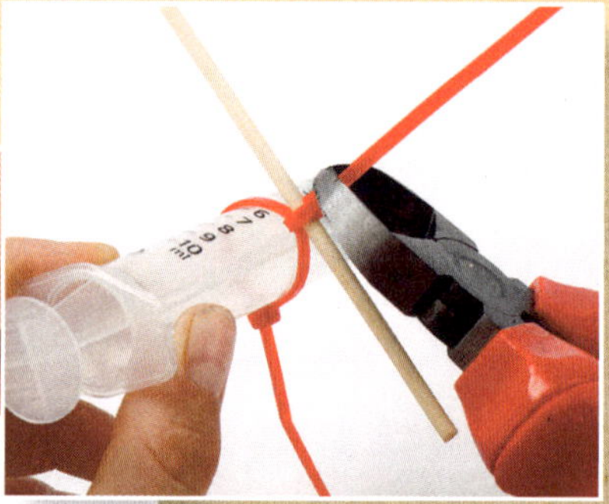

Stecke ein etwa 60 mm langes Bambusstäbche durch die zweite Schlaufe und fixiere es.

9

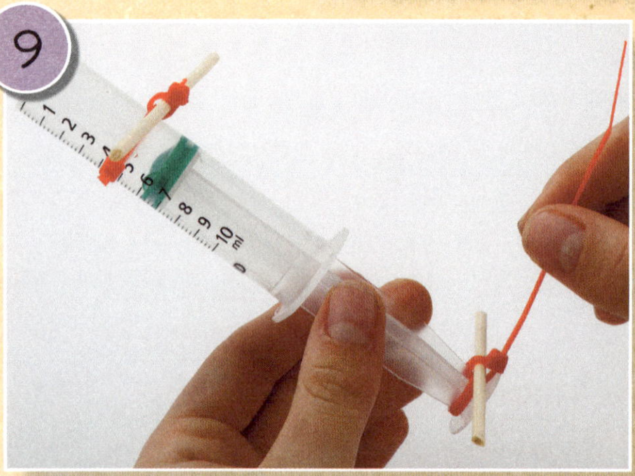

Wiederhole diesen Arbeitsschritt am Fuß der Spritze.

10

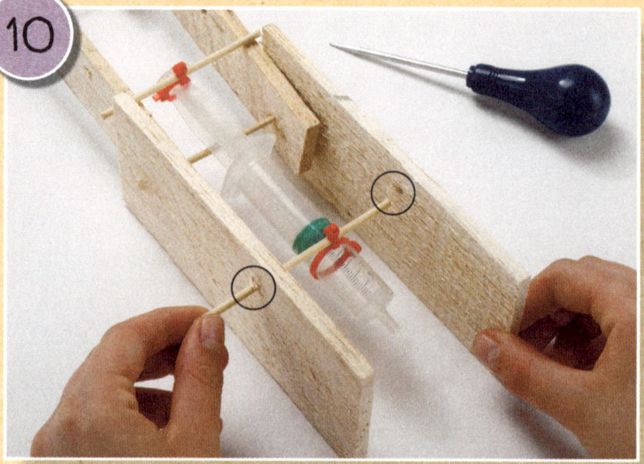

Befestige die Spritze mit dem Stäbchen im oberen Bereich etwa mittig an den Seitenwänden. Bohre dafür ein weiteres Loch für das Bambusstäbchen in die Seitenwände.

11

Die Spritze fast ganz aufziehen, um zu sehen, wie weit sie zwischen die Arme reicht. Markiere diese Stelle an beiden Armen und mache Löcher für das Stäbchen hinein. Stecke dann das Stäbchen wie abgebildet hinein.

12

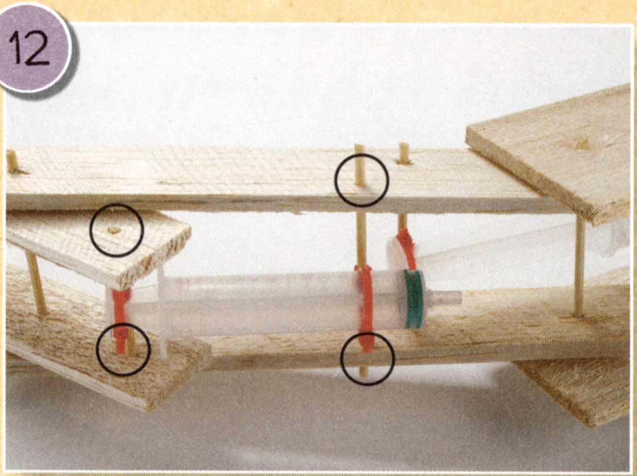

Bereite eine zweite Spritze vor. Platziere ihre Spitze am Ende der ersten Spritze zwischen den Armen. Bohre weitere Löcher und fixiere die Spitze der zweiten Spritze an den Armen und ihr Ende zwischen den Holzstücken hinten.

13

Schneide für den Fuß der Konstruktion zwei 120 x 90 mm große Stücke Wellpappe aus und klebe sie zusammen, sodass ein dickes Rechteck entsteht.

14

Stich mit dem Bleistift ein großes Loch in die Mitte des Rechtecks.

15

Knipse das stumpfe Ende des Bleistifts wie abgebildet bei 50 mm ab.

16

Schneide ein Stück Karton auf 250 x 150 mm zurecht und fixiere mit Heißkleber in der Mitte dieser Grundplatte den Bleistift. Das Rechteck auf den Bleistift stecken, wenn der Kleber fest geworden ist.

17

Die beiden Seitenwände mit Heißkleber auf dem Rechteck befestigen. Das Rechteck muss sich auf der Grundplatte drehen lassen.

18

Bereite eine weitere Spritze vor. Platziere die Grundplatte gerade vor dir und bohre in die rechte untere Ecke ein Loch. Fixiere dort das Ende der Spritze mit dem Stäbchen mit Heißkleber. Bohre in die rechte obere Ecke des Wellpappen-Rechtecks ein weiteres Loch. Drehe dann die Grundplatte nach links weiter und fixiere die Spitze der Spritze mit dem Stäbchen mit Heißkleber auf dem Rechteck.

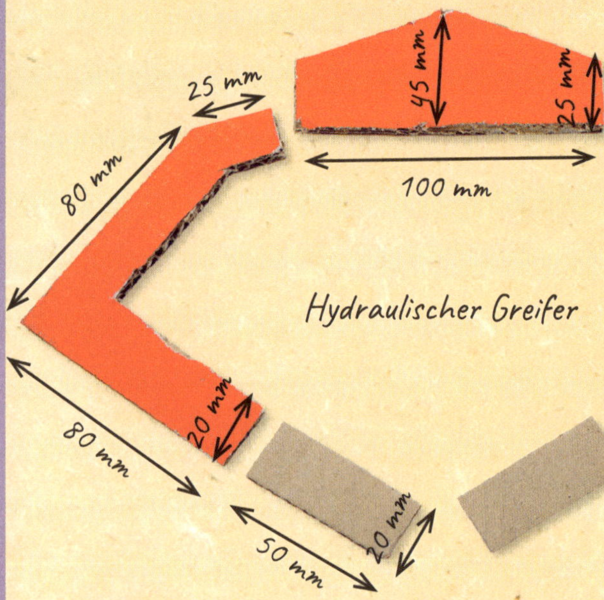

Schneide aus Karton die Teile für den Greifer aus. Die kleinsten Kartonstreifen wie abgebildet falten und an den Enden der langen Kartonteile, der Greifarme, festkleben – das werden die Greifzangen.

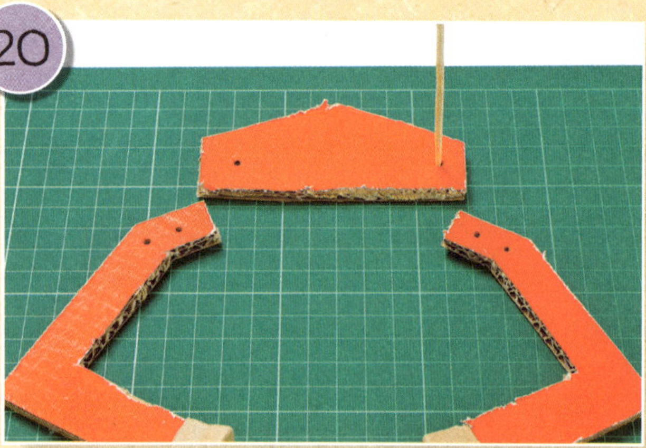

Stich an den abgebildeten Stellen kleine Löcher ein und stecke je ein Bambusstäbchen in die beiden Löcher im Dreieck.

Die Greifarme wie abgebildet auf die Stäbchen stecken und die Stäbchen knapp abknipsen. Nur von oben etwas Klebstoff daraufgeben, sodass die Arme frei beweglich sind.

Biege zwei große Büroklammern so auseinander, dass sie an den Enden zwei kleinere Haken bilden. Bereitlegen, denn du wirst sie gleich brauchen.

Bitte einen Erwachsenen um Hilfe!

Bereite die letzte Spritze vor: An der Spitze wie gewohnt mit Kabelbindern ein Stäbchen fixieren, nicht aber am Spritzenende. Die so präparierte Spritze befestigst du mittig an deinem Schlauch. Bohre dann noch zwei kleine Löcher in den Kolben der Spritze wie abgebildet.

24

Führe einen Büroklammerhaken durch die beiden Löcher und hake ihn dann in die Gelenke des Greifers ein. Fixiere den Greifer mit Heißkleber an den beiden Holz-Greifarmen.

25

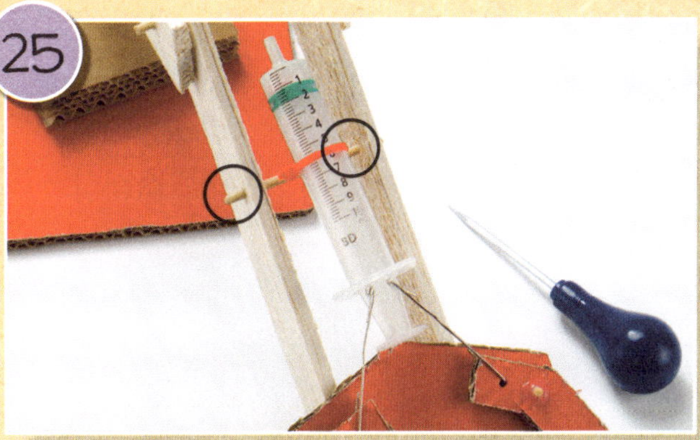

Mit einer Ahle Löcher für das an der Spritzenspitze befestigte Bambusstäbchen in die Greifarme stechen. Dort fixieren.

26 Schneide den Kunststoffschlauch in vier gleich lange Stücke und befestige je ein Stück an einer Spritzenspitze. Stelle sicher, dass die Spritzen an deinem mechanischen Greifarm alle geschlossen sind.

27 Mische mit Plakatfarbe oder Lebensmittelfarbe vier verschiedene Farbtöne an. Fülle die vier übrigen Spritzen mit je einer Farbe und befestige sie dann an den offenen Enden der Schläuche.

Spielen!

28 Um den Greifarm zu bedienen, ziehe die Spritzen auf und drücke zu – jetzt kannst du zuschauen, wie er zum Leben erwacht!

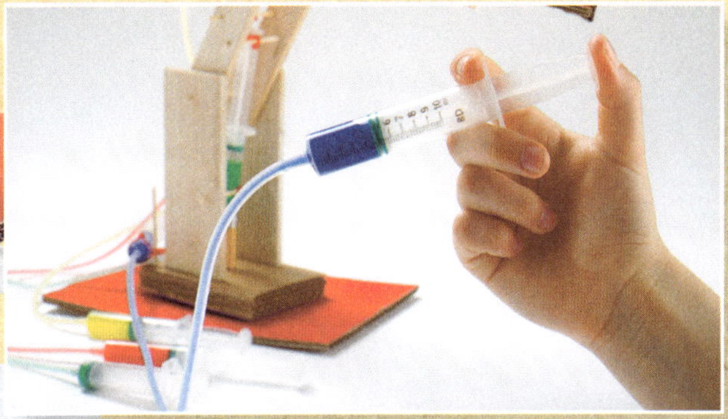

LAUF-ROBOTER

Mit ein paar schlau angebrachten Gelenken läuft dein Roboter ganz alleine – angetrieben durch einen einzigen Motor!

Du brauchst:

Werkzeug:

- Heißklebepistole
- Schneidematte
- Schere
- Bleistift
- Zange
- Ahle oder Handbohrer

1 Schneide dir aus der Wellpappe zwei Stücke à 180 mm x 30 mm aus. Das werden die Seitenwände des Roboters. Zeichne 20 mm vom Ende jedes Pappstücks entfernt eine senkrechte Linie an. Schneide aus der Wellpappe dann noch zwei weitere, kleinere Stücke aus, wie unten abgebildet.

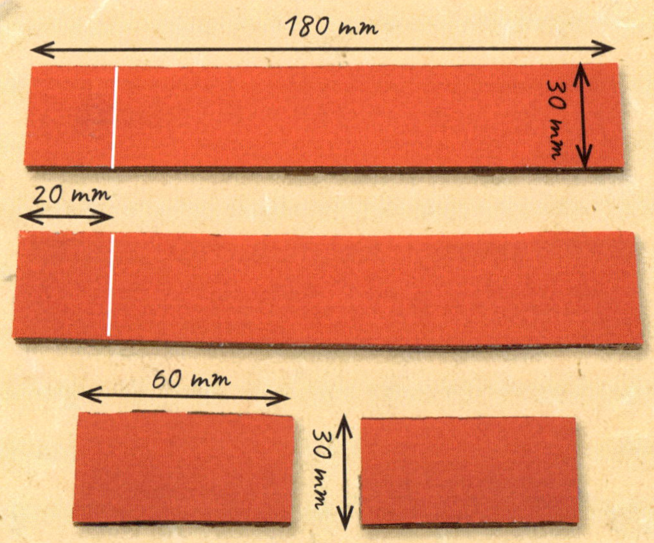

Einstechen!

2

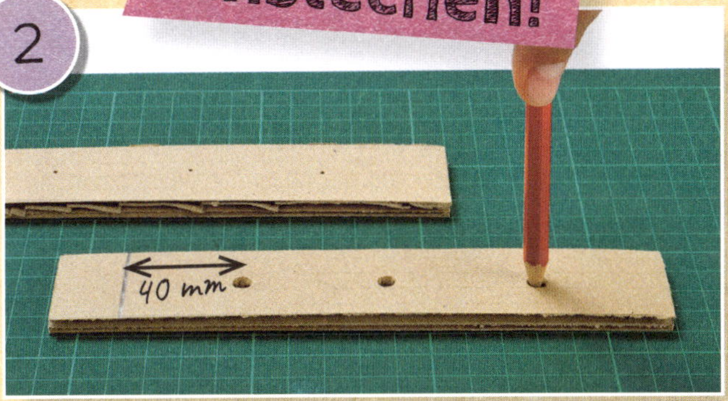

Stich im Abstand von 40 mm drei kleine Löcher zwischen der senkrechten Linie und dem anderen Ende des Kartonstreifens ein. Vergrößere die Löcher mit dem Bleistift so, dass ein Plastiktrinkhalm durchpasst.

3

Schneide einen Trinkhalm in sechs Stücke (je 10 mm lang) und stecke diese in die Löcher.

4

Kleben!

Den Karton umdrehen und mit der Heißklebepistole die Halmstücke fixieren. Achte darauf, dass du die Trinkhalme nicht mit Klebstoff verstopfst!

5

Klebe die kurzen Kartonstreifen rechts und links zwischen die Seitenwände. Das wird der Körper des Roboters. Achte darauf, das eine Stück auf Höhe deiner Markierungslinie anzubringen.

6

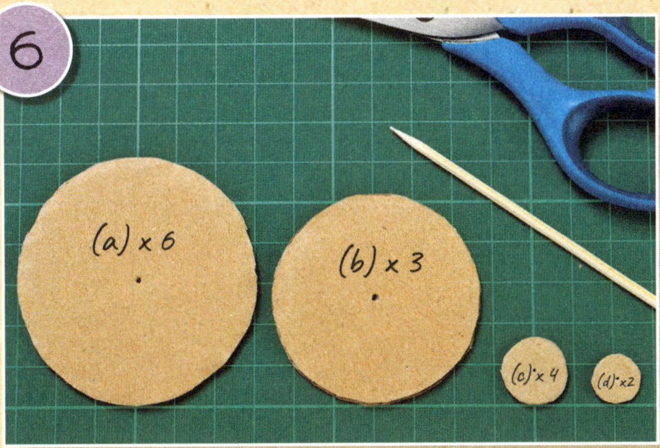

Schneide aus der Wellpappe sechs Scheiben mit ø 60 mm (a), drei Scheiben mit ø 55 mm (b), vier Scheiben mit ø 10 mm (c) und zwei Scheiben mit ø 5 mm (d) aus. Stich in die Mitte aller Scheiben mit einem Bambusstäbchen ein Loch ein.

7

Aufspießen!

Für den ersten Flaschenzug ein Bambusstäbchen auf 65 mm Länge zuschneiden und die Pappscheiben wie hier abgebildet in folgender Reihenfolge darauf stecken: c, d, c, a, b, a, c, d, c.

8

Schneide ein weiteres Bambusstäbchen in zwei 80 mm lange Stücke und spieße die übrigen Pappscheiben in der Reihenfolge a, b, a auf. Auf allen drei Bambusstäbchen die Scheiben zu Flaschenzügen zusammenschieben, wie hier abgebildet, und mit Heißkleber fixieren.

9

Lege um die Mitte der drei großen Flaschenzüge je ein Gummiband und hänge dann die Bambusstäbchen im Körper deines Roboters in die Halmlöcher ein.

10

Den oberen und den unteren Flaschenzug sorgfältig so ausrichten, dass sich die kleinen Flaschenzüge mittig darunter befinden, indem du sie auf den Bambusstäbchen verschiebst. Spanne die Gummibänder an den großen Flaschenzügen um die kleinen.

11

Wenn die Flaschenzüge richtig platziert sind, klebe sie einzeln am Bambusstäbchen fest.

12

Befestige den kleinen Kunststoffflaschenzug am Schaft des Motors.

13

Schließe die Batterien an den Motor an, indem du die Kabel am Gehäuse mit dem Ausgang an der Unterseite des Motors verbindest. Die Batterien einsetzen und den Motor ausprobieren.

14

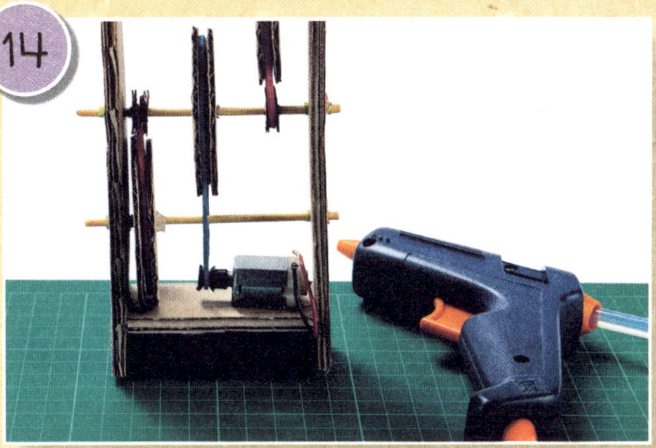

Lege das Gummiband des mittleren Flaschenzugs um den Flaschenzug am Motor. Den Motor auf der Unterseite des Roboters festkleben, das Batteriegehäuse unterhalb der Unterseite. Achte darauf, nicht aus Versehen den Schalter oder den Deckel des Batteriegehäuses zu blockieren!

15

Für den Mechanismus der Beine Holzstäbchen in 30 mm lange Stücke mit sorgfältig abgerundeten Ecken schneiden. Bohre mit der Ahle oder dem Handbohrer an beiden Enden der Holzstücke je ein kleines Loch.

16

Schneide ein weiteres Bambusstäbchen in vier 20 mm lange Stückeund stecke diese etwa 1 mm tief in je ein Loch in jedem Holzstück. Dort festkleben.

17

Stecke zwei Holzstücke oben und zwei unten mit dem jeweils freien Loch auf die Stäbchenenden, die aus dem Körper des Roboters ragen. Die Stäbchen auf der rechten Seite müssen oben sein, die auf der linken Seite unten.

18

Befestige die Holzstücke an den Stäbchenenden mit Klebstoff und schneide das überstehende Stäbchenende ab.

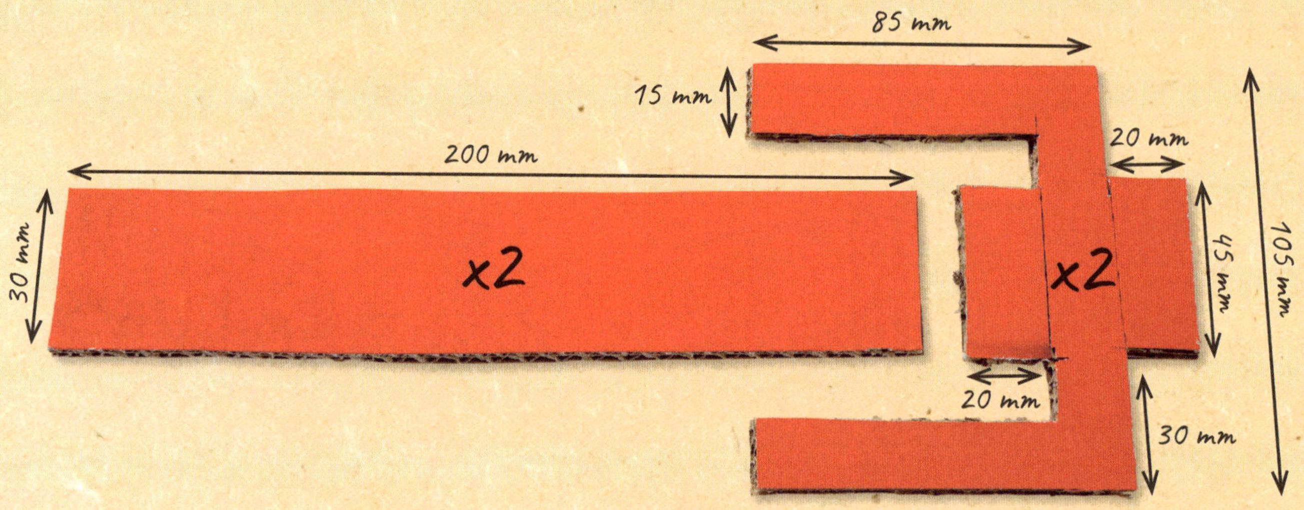

19 Schneide für die Beine aus der Wellpappe zwei Streifen à 200 mm x 30 mm aus.

20 Schneide für die Füße zwei E-förmige Pappstücke aus wie abgebildet.

21

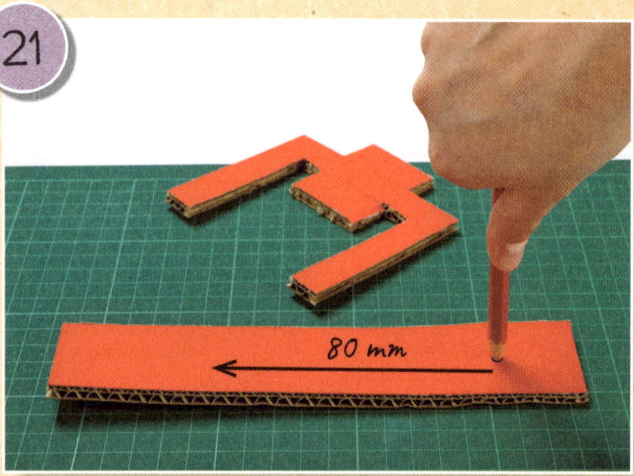

Mit einem Bleistift an je einem Ende der Beine mittig ein Loch einstechen, dann 80 mm entfernt ein zweites Loch einstechen.

22

Die Beine an den Füßen befestigen, indem du die Klappen in der Mitte hochklappst und sie an den Beinen festklebst.

23

Acht Pappscheiben mit ø 10 mm ausschneiden und je ein kleines Loch in die Mitte stechen. Vier Scheiben auf die Stäbchen am Mechanismus stecken.

24

Bringe die Beine am Körper des Roboters an, indem du sie ebenfalls auf die Stäbchen steckst.

25

Die restlichen Scheiben auf die noch herausragenden Bambusstäbchen stecken und dort mit Heißkleber fixieren. Die Stäbchen müssen sich noch drehen lassen.

26 Gestalte den Roboter jetzt ganz nach deinem Geschmack! Du kannst z.B. einen cool aussehenden Roboterkopf und Greifhände anbringen.

27 Einschalten und deinem Roboter beim Laufen zusehen! Es kann sein, dass du die Beine neu positionieren musst, falls der Roboter das Gleichgewicht verliert.

BIONISCHE BOTS: DIE TECHNIK DAHINTER

Roboter-Helden

Einige der nützlichsten Roboter wurden dafür entwickelt, den Menschen gefährliche Arbeit abzunehmen. Sie kommen beim Kampfmittelräumdienst oder bei Bombenentschärfungskommandos zum Einsatz, wo sie zum Entschärfen unkonventioneller Sprengkörper benutzt werden. Solche Roboter sind mit Sensoren und einem Greifarm versehen. Gesteuert werden sie aus sicherer Distanz per Fernbedienung von einem Menschen.

Insekten-Roboter

Da die Bienenpopulation immer mehr abnimmt, werden Roboter gebaut, um die Aufgaben der Insekten zu übernehmen! Die an der Universität Harvard entwickelten „RoboBees“ haben etwa die gleiche Größe wie echte Bienen und sind mit winzigen Flügeln ausgestattet. Das Ziel ist, einen völlig selbstständigen Roboterschwarm zu entwickeln, der in der Lage ist, die Bestäubung zu übernehmen; außerdem könnten diese Bots als Spione und Kundschafter dienen und bei Rettungsmissionen eingesetzt werden.

Haushalts-Roboter

Wäre es nicht schön, einen Roboter zu haben, der im Haushalt hilft? Nun, die gibt es schon! Staubsauger-Roboter kamen 1996 erstmalig auf den Markt, aber die frühen Modelle hatten Schwierigkeiten, um Gegenstände herum zu navigieren und an schwer erreichbare Stellen zu gelangen. 2002 wurde dann ein ausgezeichneter Bodenreinigungs-Roboter auf den Markt gebracht, der mithilfe von Sensoren die Richtung ändern kann, wenn er auf ein Hindernis stößt, und eigenständig verschmutzte Stellen finden kann. Zeit zum Füße hochlegen!

Roboter-Arme

Diese Arme werden auf der ganzen Welt vielfältig benutzt, sie kommen selbst im Weltraum zum Einsatz. Viele Fertigungsprozesse sind durch sie sehr viel einfacher und schneller geworden. Manche werden hydraulisch bewegt (wie der Roboter-Arm auf Seite 24), andere haben Motoren. Sie sind praktisch zum Bewegen und Drehen schwerer Gegenstände wie zum Beispiel Autos, und sie können kleine, präzise Bewegungen ausführen wie Schrauben festziehen.

GENIALE GEFÄHRTE

DIESE SUPERSCHNELLEN ERFINDUNGEN ÜBERBRÜCKEN DISTANZEN ZU LAND, ZU WASSER UND IN DER LUFT!

GUMMIBAND-
BOOT
SCHWER-
KRAFT-
AUTO
STUNT-AUTO
PAPIERFLIEGER-
STARTRAMPE

GUMMIBAND-BOOT

DIESES EINFACHE BOOT NUTZT DIE KRAFT EINES AUFGEWICKELTEN GUMMIBANDES, UM ÜBERS WASSER ZU FLITZEN.

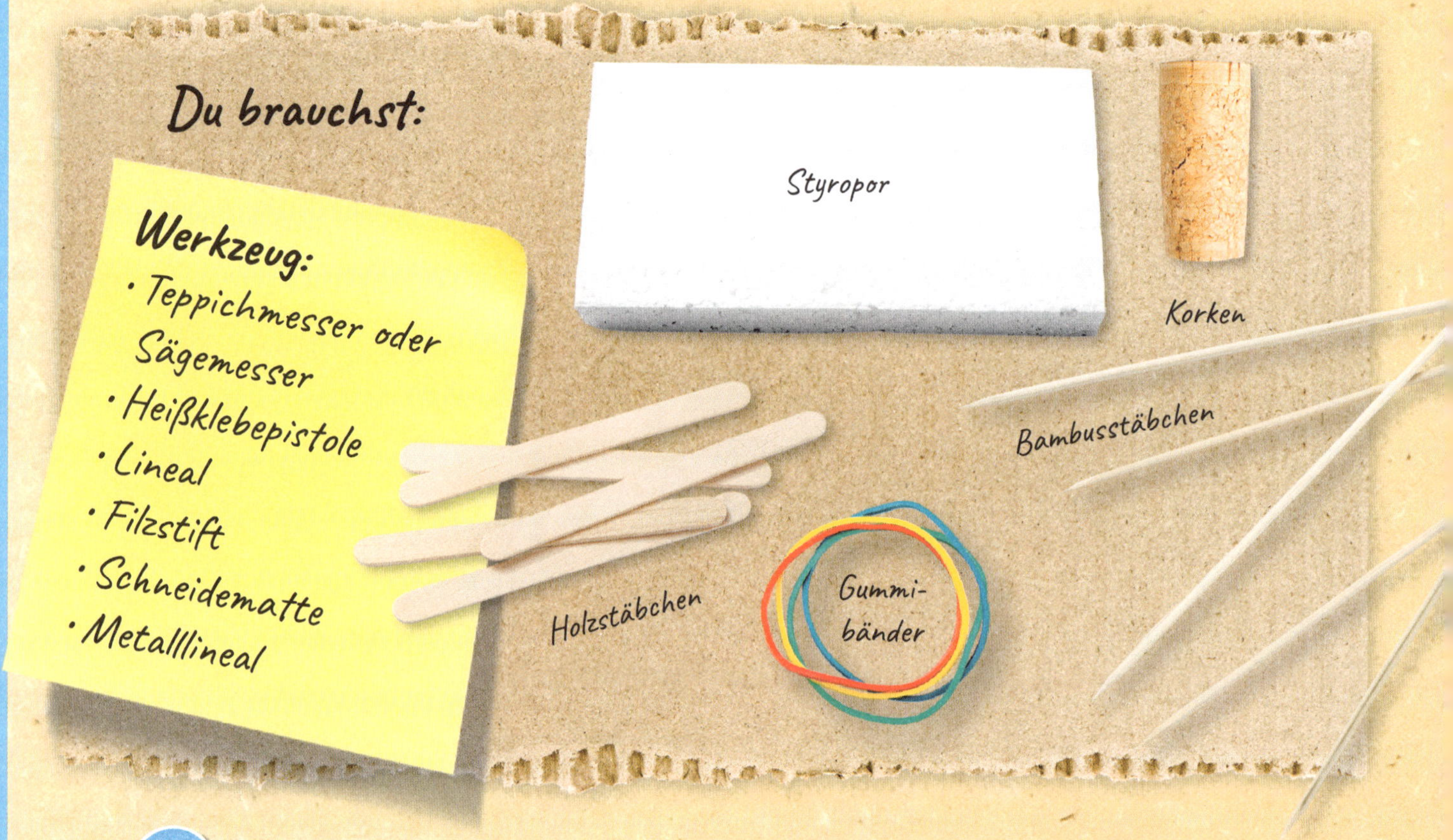

Zeichne mit dem Filzstift eine abgerundete Ecke auf einem 100 x 180 mm großen Stück Styropor an. Das soll der Bug des Bootes werden.

Bitte einen Erwachsenen um Hilfe!

2

Schneide mit einem Säge- oder Teppichmesser vorsichtig die Rundung zu.

3

Das abgeschnittene Stück umdrehen und die gleiche Form auf der anderen Seite anzeichnen und ausschneiden.

4

Das Lineal 70 mm von der Spitze entfernt mittig auf der Rückseite des Bootes platzieren und den Umriss nachfahren: So hast du ein langes Rechteck angezeichnet.

5

Schneide das Rechteck aus und kürze es um etwa $1/3$.

6

Klebe das größere Stück als Kajüte auf der Vorderseite im vorderen Bereich an. Befestige einen Korken als Schornstein darauf.

7

Setze in der Mitte eines Holzstäbchens eine Markierung.

8

Halbiere mit einer kräftigen Schere das Holzstäbchen und runde die Ecken der beiden Teile ab.

9

Markiere wieder jeweils die Hälfte der beiden Stäbchen. Zeichne von hier aus eine Linie bis zur Mitte hin.

10

Schneide entlang der Linien in beide Stäbchen einen Schlitz.

11

Zusammensetzen!

Die beiden Stücke X-förmig zusammenstecken und mit etwas Heißkleber fixieren. Das wird das Schaufelrad, mit dem sich das Boot fortbewegt.

12

Lege das Schaufelrad probeweise so in das ausgeschnittene Rechteck, dass dass es das Boot nirgends berührt. Steche seitlich ein Bambusstäbchen ein, sodass es in der Mitte des Schaufelrades herauskommt.

Das Schaufelrad herausnehmen, dann das Bambusstäbchen ganz durch das Boot stechen und ein bisschen hin und her bewegen, um das Loch zu vergrößern.

13

Ziehe das Stäbchen wieder heraus und spanne ein Gummiband um das stumpfe Ende. Schiebe dann das Stäbchen mit dem Gummiband zuerst durch die Löcher.

14

Wenn das Gummiband eingefädelt ist, das Bambusstäbchen entfernen und zwei kurze Stücke davon abschneiden. Diese durch die beiden Gummiband-Schlaufen stecken, um das Gummi zu fixieren, wie abgebildet.

15

Spanne das Schaufelrad in das Gummiband ein.

16

Male das Boot bunt an. Drehe dann das Schaufelrad fest ein, setze das Boot ins Wasser, lasse das Schaufelrad los und schau zu, wie dein Boot losfährt!

SCHWERKRAFTAUTO

HIER WERDEN WEDER MOTOR NOCH KABEL ODER BATTERIEN BENÖTIGT, DENN DIESES AUTO WIRD MITHILFE DER KRAFT EINES FALLGEWICHTS BETRIEBEN!

Du brauchst:

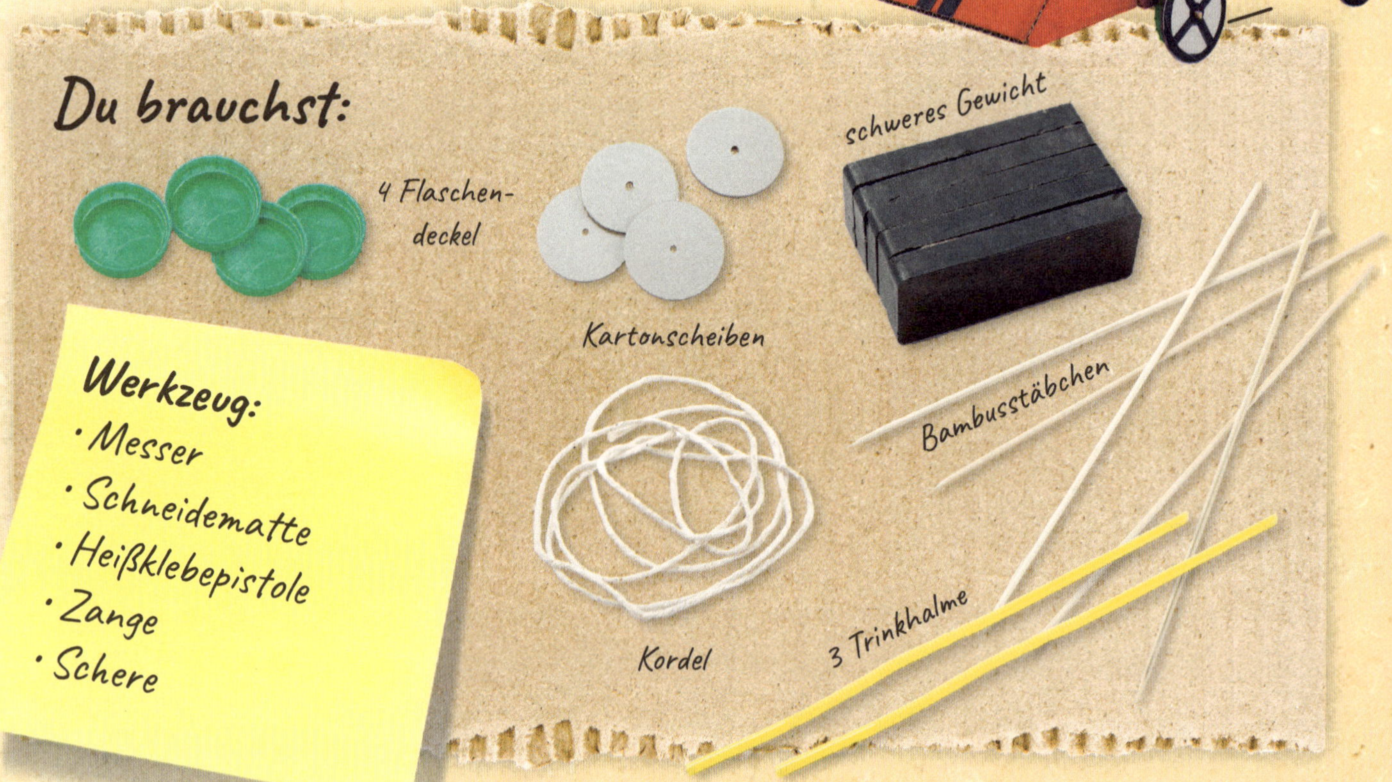

Werkzeug:

- Messer
- Schneidematte
- Heißklebepistole
- Zange
- Schere

1 Falte eine kleine Pappschachtel auf und lege sie flach vor dich hin.

2

Drehe die Schachtel von innen nach außen, falte sie dann wieder zusammen und fixiere sie mit Heißkleber.

3

4

Zeichne etwa 10 mm von der einen Kante entfernt ein kleines Rechteck an und schneide es mit Teppichmesser oder Schere aus.

Die Schachtel umdrehen, ein großes Oval anzeichnen und ausschneiden. Das ist die Oberseite deines mit Schwerkraft angetriebenen Autos.

5

Stich an allen vier Ecken etwa 20 mm tief je ein Bambusstäbchen ein.

6

Schneide einen Trinkhalm in zwei 50 mm lange Stücke. Knicke die Stücke in der Mitte.

7

Gib in jedes Halmende einen Tropfen Heißkleber und verbinde je zwei Stäbchen wie hier abgebildet mithilfe der Halmstücke.

8

Schneide ein Stück von einem Bambusstäbchen ab, das etwas kürzer ist, als die Schachtel breit ist.

9

Klebe das Bambusstück auf die Knickstellen der Halmstücke.

10

Zwei weitere Trinkhalme quer über das ausgeschnittene Rechteck und quer unten über die Schachtel kleben. Die Halme müssen parallel sein, sonst funktionieren die Räder nicht!

11

Das Halmstück über dem ausgeschnittenen Rechteck herausschneiden und die Halmenden rechts und links Enden mit je 3 mm Überstand abschneiden.

12

Bohre mit der Ahle mittig in jeden der vier Flaschendeckel ein Loch. Klebe dann die Kartonscheiben auf die Deckel, das sind die Räder.

13

Schiebe ein Rad auf ein Bambusstäbchen, führe dann das Stäbchen durch die aus Trinkhalmen gebaute Achse und setze auf der anderen Seite ein zweites Rad darauf.

14

Schneide die Bambusstäbchen ab und klebe die Räder mit Heißkleber an den Stäbchen fest.

15

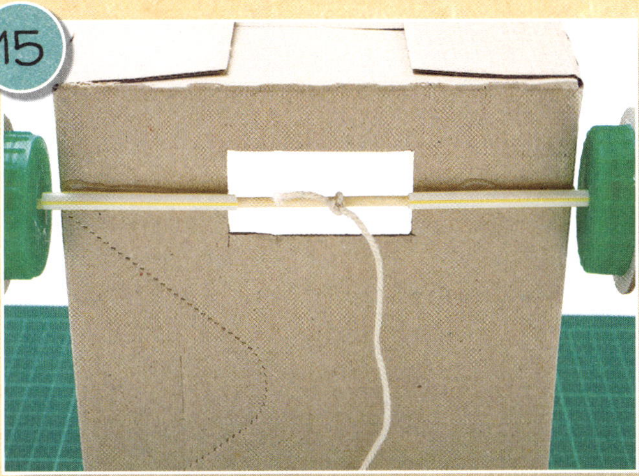

Binde in der rechteckigen Öffnung ein langes Stück Kordel an der Vorderachse fest. Ziehe den Rest der Kordel durch die Öffnung ins Fahrzeuginnere.

16

Die Kordel über die Querstrebe oben nach vone führen, dann das Gewicht am anderen Ende der Kordel befestigen.

17

Aufziehen!

Male dein Rennauto in einer Farbe deiner Wahl an. Wenn die Farbe getrocknet ist, die Vorderachse aufziehen, bis die Kordel gespannt ist und das Gewicht oben unter der Querstange hängt. Lasse das Gewicht los und schau zu, wie dein Auto mithilfe der Schwerkraft des Fallgewichts beschleunigt!

Fahren lassen!

PAPIERFLIEGER-STARTRAMPE

Baue mit zwei Elektromotoren die ultimative Papierflieger-Startbasis – du wirst staunen, wie schnell dein Flieger wird!

Du brauchst:

Werkzeug:

- Kleiner Flachschraubenzieher
- Abisolierzange
- Heißklebepistole
- Ahle
- Schere

1 Schneide etwas Wellpappe in den unten abgebildeten Maßen aus: ein Quadrat (a), ein Rechteck (b) und zwei Streifen.

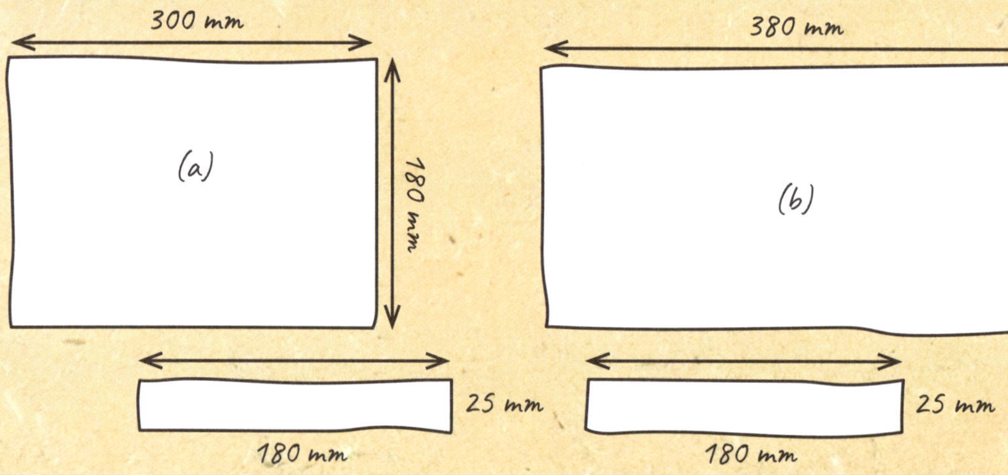

2

Schneide zwei 120 mm lange Stücke roten Elektrodraht ab und ziehe mit der Abisolierzange 5 mm des Plastiks von beiden Enden ab. Wiederhole den Schritt mit dem schwarzen Draht. Du solltest je zwei Stücke roten und schwarzen Draht haben.

3

Den Draht wie abgebildet an die Elektromotoren anschließen, indem du die blanken Enden durch die Punkte an der Rückseite der Motoren einfädelst und zwirbelst, bis sie fest sitzen.

4

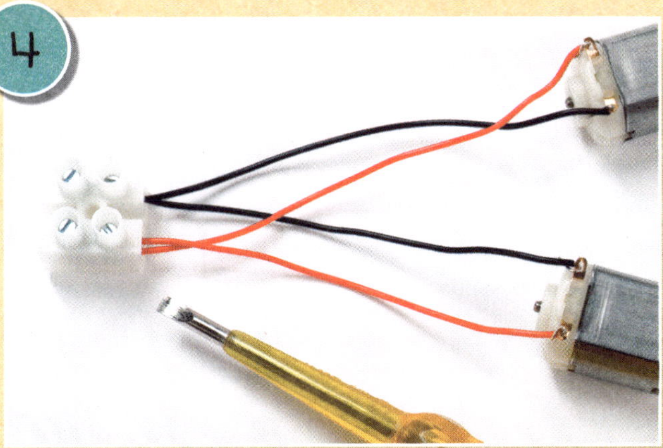

Die Enden des roten Drahtes an einer Seite der Lüsterklemme befestigen, die Enden des schwarzen Drahtes an der anderen Seite.

5

Den roten Draht aus dem Batteriegehäuse in die Klemme hinter die roten Motordrähte fädeln, den schwarzen Draht hinter die schwarzen Motordrähte. Beides festschrauben.

6

Positioniere die beiden Räder in einem Abstand von 3 mm etwa 50 mm unterhalb der Oberkante des Wellpappenquadrats (a). Stich durch die Räder und markiere damit ihre Position auf der Pappe.

7

Nimm die Räder ab und vergrößere die Löcher mit der Ahle.

8

Die Schafte der Motoren durch die beiden Löcher schieben, dann die Motoren fest ankleben.

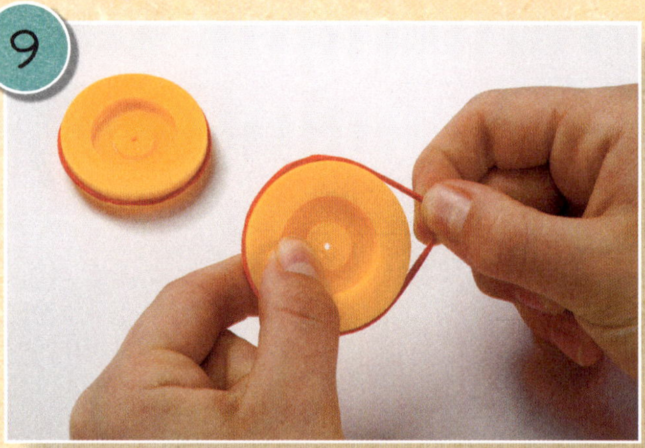

9

Je ein Gummiband um die Räder legen. Das dient dazu, den Rädern mehr Grip zu geben.

10

Stecke die Räder von der anderen Seite auf die Motorschafte.

11

Falze das Wellpappenrechteck (b) 80 mm von der Kante entfernt und falte es nach oben: Das ist die Basis des Rahmens.

12

Klebe die Abschussvorrichtung so auf den gefalteten Karton, dass die Räder oben sind.

13

Klebe die beiden Wellpappenstreifen knapp unterhalb der Räder im Abstand von 5 mm auf die Abschussrampe. Jetzt kannst die Rampe nach Lust und Laune gestalten.

14

Schalte die Motoren ein und stecke einen Papierflieger zwischen die Räder ... HUI!

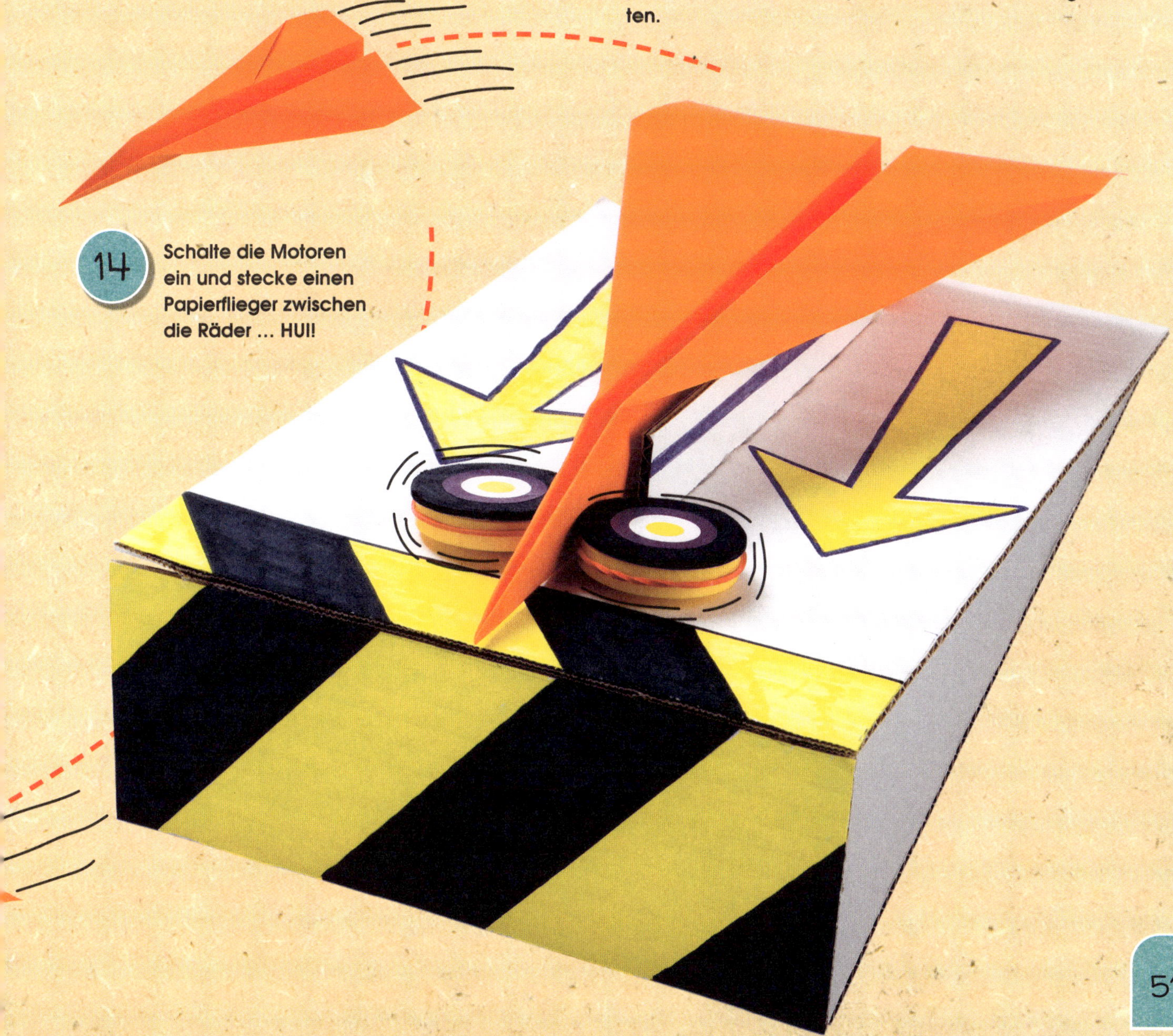

STUNT-AUTO

Kannst du wirklich selbst ein Stunt-fahrzeug mit Fernbedienung bauen? Und ob du das kannst – wenn du diese Anleitung genau befolgst!

Du brauchst:

Werkzeug:

- Handbohrmaschine
- Heißklebepistole
- Abisolierzange
- Bügelsäge
- Ahle
- Schere

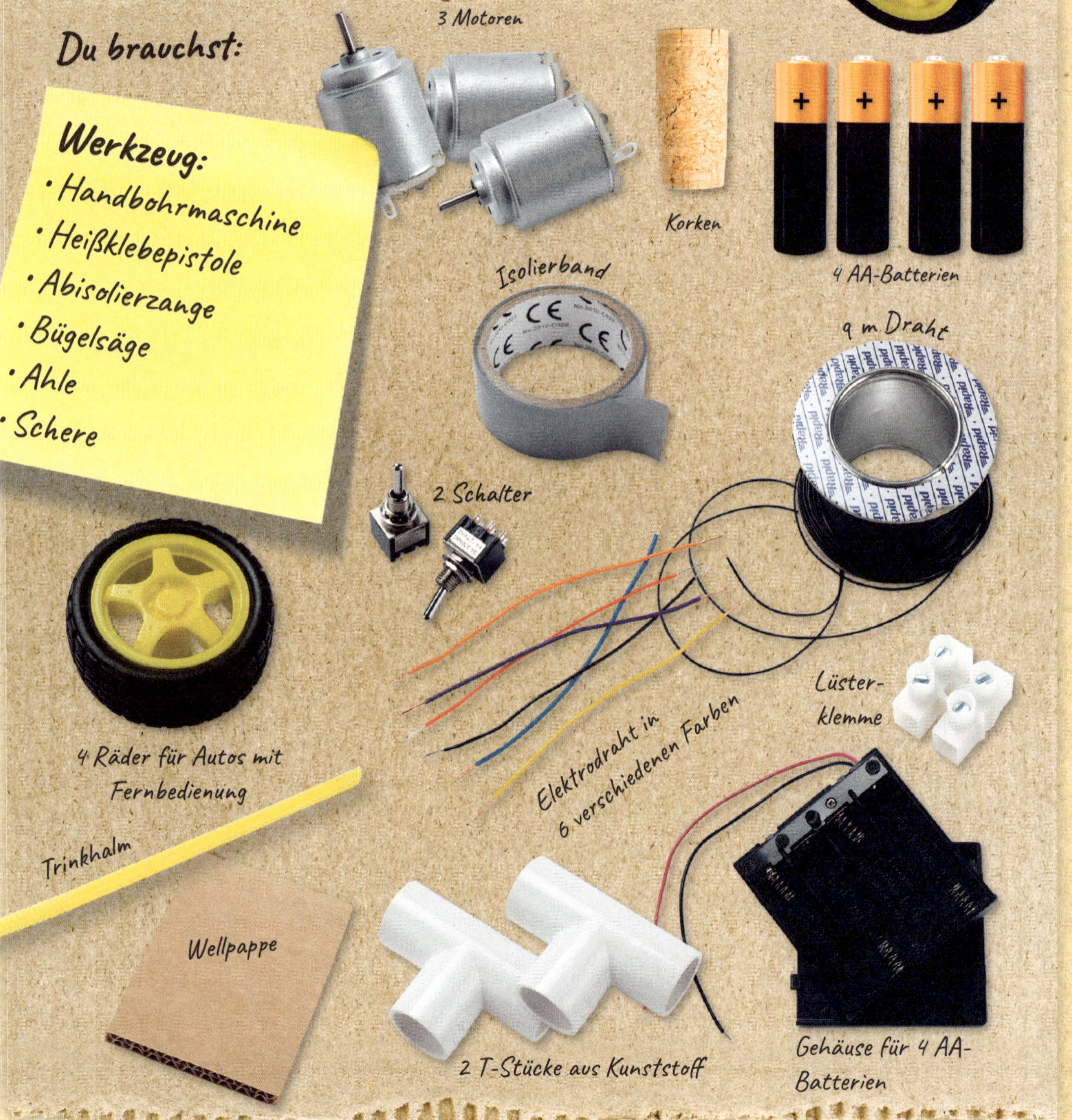

1

Bohren!

Bitte einen Erwachsenen um Hilfe!

Bohre mit einer Handbohrmaschine ein Loch in eine Seite eines T-Stücks. Es muss groß genug für den Trinkhalm sein.

2

Schneide 6 100 mm lange Stücke Draht ab und ziehe mit der Abisolierzange 5 mm des Plastiks von allen Drahtenden ab. Wenn du keine sechs verschiedenen Farben hast, klebe an allen Enden ein Stück Klebeband auf und beschrifte die Drahtstücke mit 1 bis 6.

Schaltplan

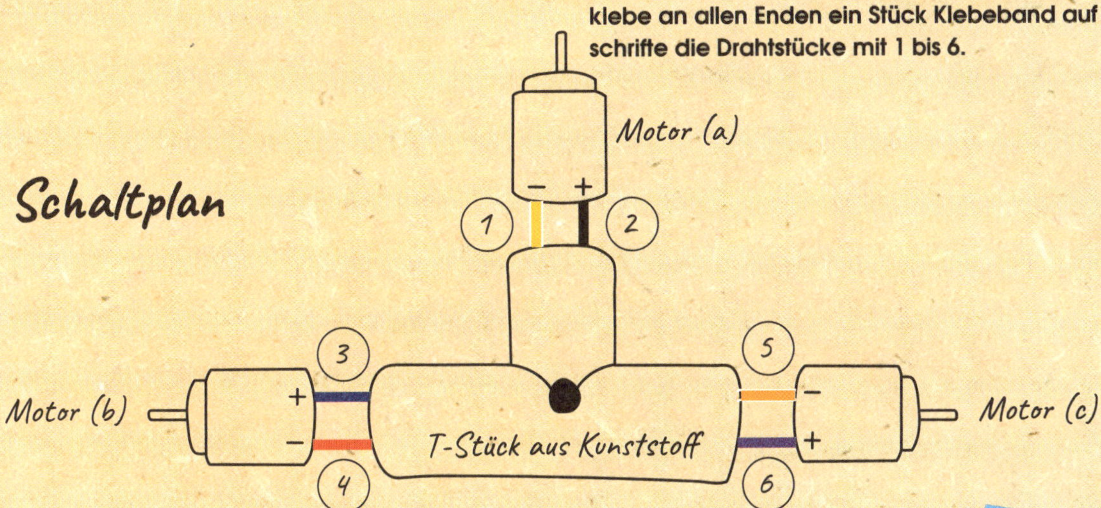

3

Planen!

Schließe je zwei Drähte an jeden Motor an, orientiere dich dafür an dem Schaltplan oben: einen durch den positiven Ausgang, den zweiten durch den negativen Ausgang an der Unterseite des Motors ziehen. Verzwirbele jedes Drahtende mit sich selbst.

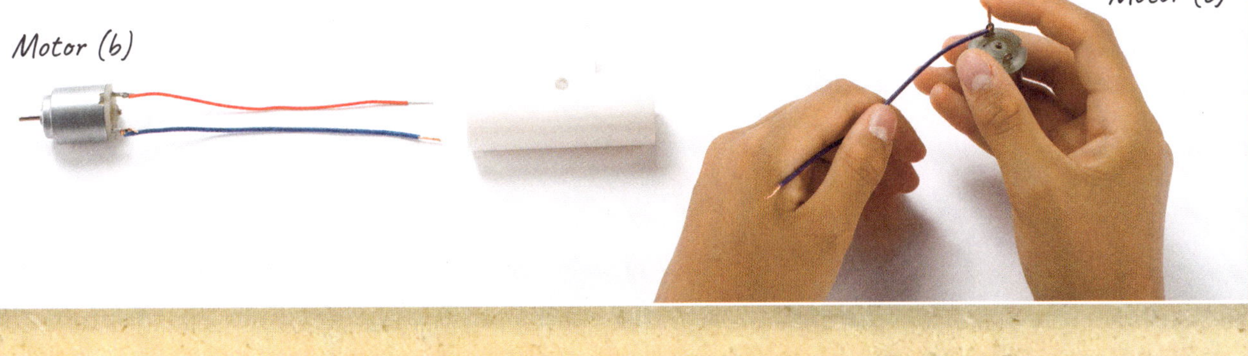

4

Setze Motor a in die obere Öffnung des T-Stückes ein und ziehe die Kabel durch das Loch in der Mitte. Wiederhole den Schritt mit den Motoren b und c und setze diese in die anderen beiden Öffnungen des T-Stückes ein. Die Motoren müssen sehr fest sitzen, es kann also sein, dass du Isolierband, Kartonstückchen oder Kleber brauchst, um die Lücken zu füllen, damit nichts mehr wackelt.

5

Befestigen!

Befestige die Räder an Motor b und c. Sie bilden das Heck des Fahrzeugs.

6

Orientiere dich am Schaltplan und verbinde den positiven (+) Draht 3 von Motor b mit dem negativen (-) Draht 5 von Motor c, indem du die beiden Enden verzwirbelst. Diese Kontakte mit etwas Isolierband fixieren. Dann diesen Schritt mit dem negativen Draht 4 von Motor b und dem positiven Draht 6 von Motor c wiederholen.

Zwirbeln!

7

Zerschneide einen Korken sorgfältig mit der Bügelsäge in drei gleich große Stücke.

8

Bohre in zwei der drei Korkstücke vorsichtig ein Loch, in das der Trinkhalm hineinpasst.

9

Einen Trinkhalm durch das zweite T-Stück führen, dann an beiden Seiten je ein Korkenstück darauf schieben.

10

Klebe die Korken fest und schneide den Überstand des Trinkhalms ab.

Schiebe ein Bambusstäbchen durch die Löcher in den Korken und schneide es so ab, dass auf beiden Seiten noch 8 mm überstehen. Schiebe je ein Rad auf diese Achsen und klebe es dort fest. Das ist die Vorderachse.

Bohre in das letzte Korkenstück mit der Ahle mittig ein Loch, das etwas kleiner ist als der Schaft des Motors.

Drücke den Schaft des Motors in das Loch. Er muss sehr fest sitzen. Ist das nicht der Fall, lieber zusätzlich festkleben.

Stecke die beiden Hälften des Fahrzeugs zusammen und fixiere sie mit Kleber.

Prima!

Jetzt geht es weiter mit der Fernbedienung ...

14

Schneide aus der Wellpappe ein Stück aus, das die Basis der Fernbedienung werden soll. Es muss groß genug für das Batteriegehäuse und die Verkabelung an der Rückseite sein.

15

Verkabeln!

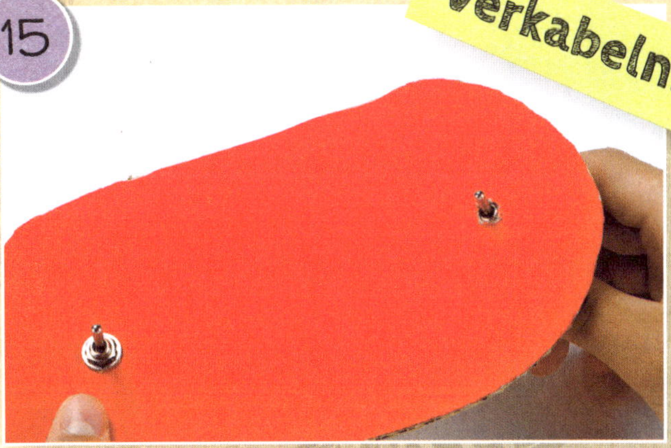

Die beiden Schalter je 20–30 mm vom Rand entfernt fixieren, sodass du sie bequem mit den Daumen bedienen kannst.

16

Schraube das rote und das schwarze Kabel des Batteriegehäuses in die Lüsterklemme.

17

Klebe das Gehäuse und die Lüsterklemme auf der Rückseite des Pappstücks an.

Kleben!

18

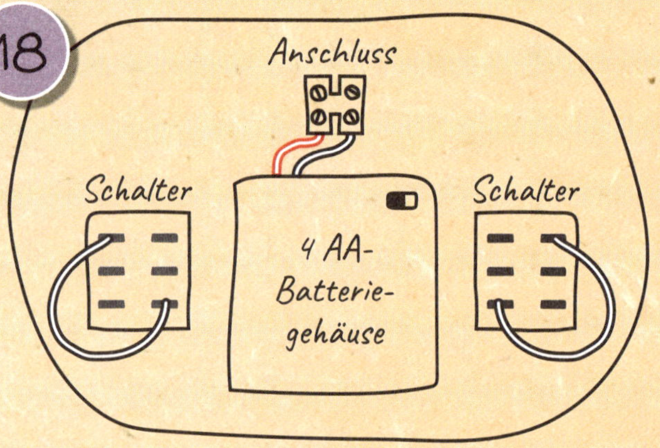

Verlege in der linken Schalterbox ein kurzes Kabelstück von links oben nach rechts unten. In der rechten Schalterbox das Kabel von rechts oben nach links unten verlegen.

19

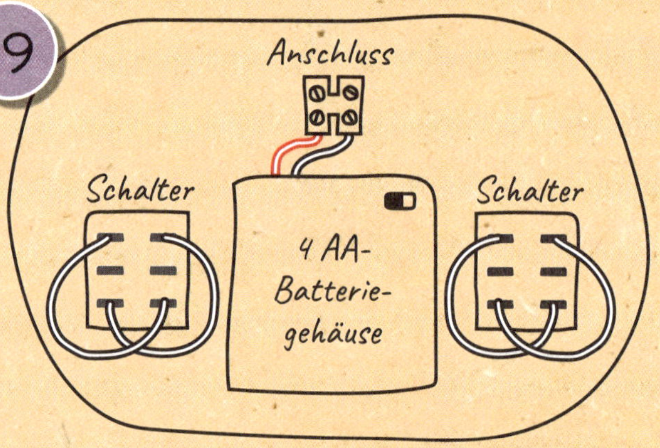

Verlege zwei weitere Kabel in beiden Boxen, wobei jetzt das Kabel in der linken Schalterbox von rechts oben nach links unten führt und das in der rechten Schalterbox von links oben nach rechts unten.

20

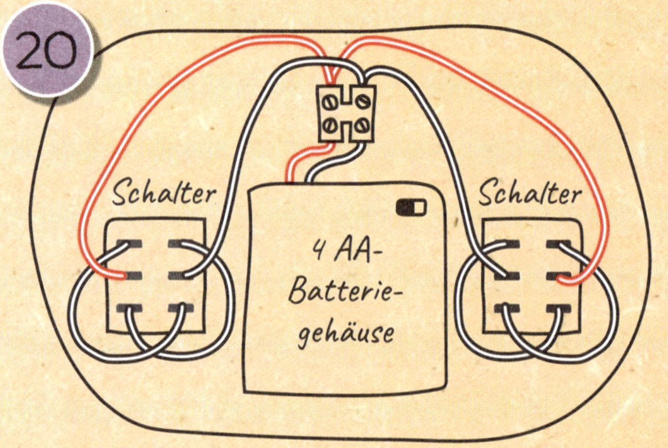

Befestige zwei rote und zwei schwarze Kabel an der Lüsterklemme und schließe diese dann an die mittleren Schlitze an den Schaltern an wie abgebildet.

21

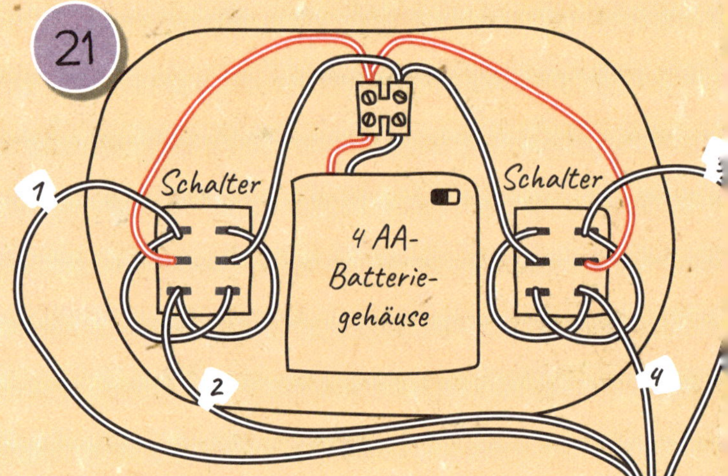

22

Fädele alle langen Kabel durch einen Trinkhalm und schließe sie wie abgebildet an die Motorkabel an.

Verzwirbele die verbundenen Drähte sicher miteinander. Orientiere dich an der Zeichnung oben.

20

Fixiere die Verbindungen mit Isolierband. Dann den Trinkhalm über die verbundenen Kabel ziehen und mit Heißkleber fixieren. So sind die Kabel geschützt und schleifen nicht am Boden.

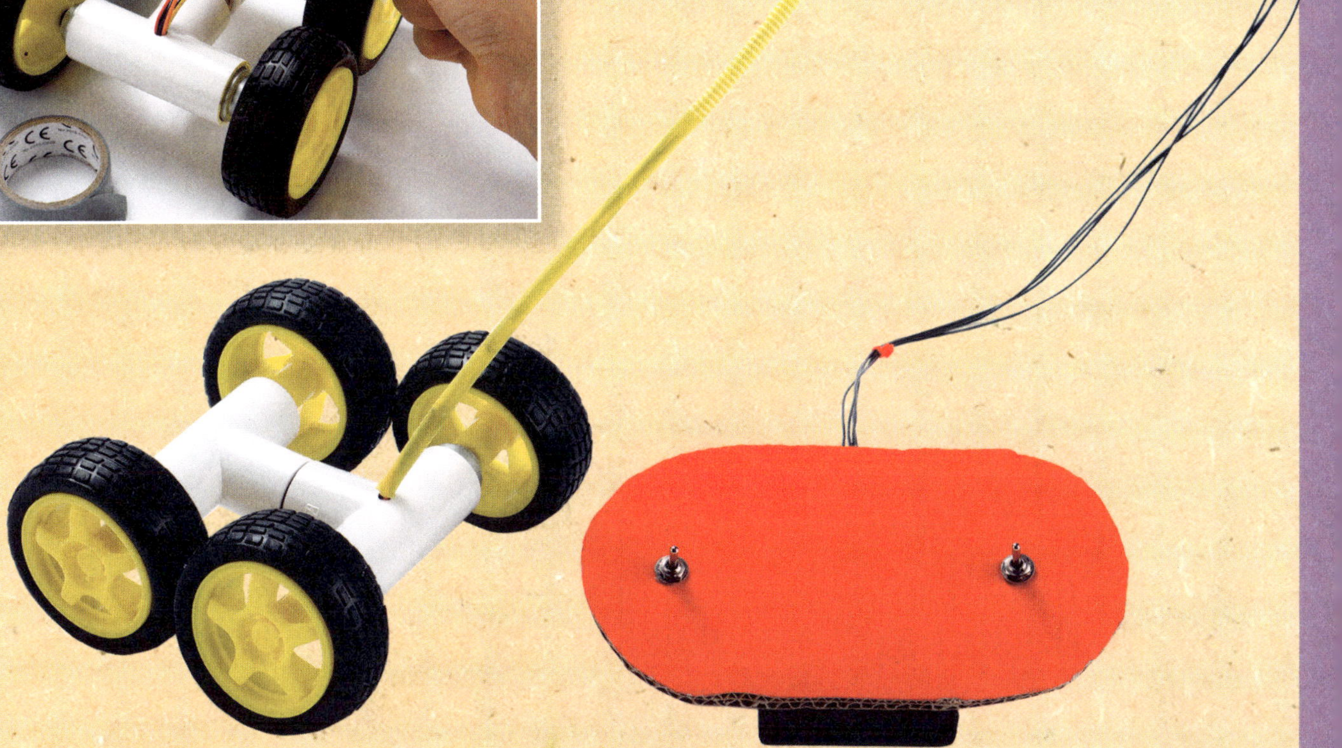

21

Du hast es geschafft! Jetzt kannst du das Fahrzeug mit den Schaltern steuern, starten und stoppen. Du wirst staunen, was du jetzt für Tricks machen kannst!

GENIALE GEFÄHRTE: DIE TECHNIK DAHINTER

Wie fliegen Flugzeuge?

Hast du dich je gefragt, wie etwas so Schweres wie ein Jumbojet eigentlich fliegen kann? Flugzeuge brauchen zwar nicht unbedingt einen Antrieb, um zu fliegen, aber sie müssen schnell sein.

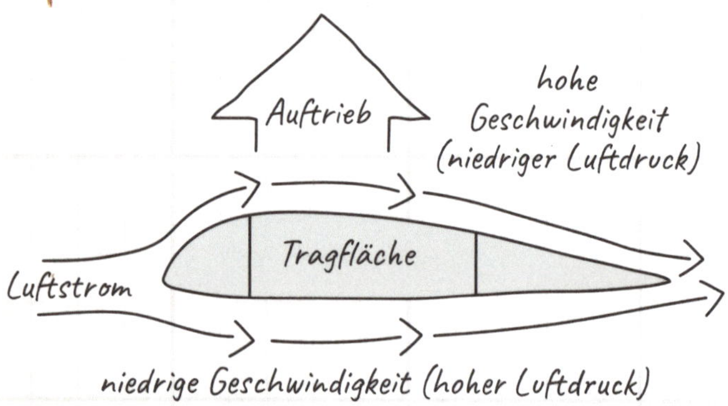

Das Geheimnis des Fliegens liegt in der Form der Tragflächen. Ist ein Flugzeug einmal schnell genug, trifft die Luft die Tragflächen und ändert dort ihre Richtung und ihren Druck, was dem Flugzeug Auftrieb gibt. Ist der Auftrieb stärker als das Gewicht des Flugzeugs, kann es abheben!

Wie Fernbedienungen funktionieren

Die ersten Fernbedienungen waren genauso verkabelt wie die an deinem Stunt-Fahrzeug. Wie aber funktionieren die modernen Fernbedienungen ohne Kabel? Die Fernbedienung sendet mithilfe einer LED-Leuchte Impulse aus Infrarotlicht, die bestimmte binäre Codes übermitteln für Funktionen wie „Ein/Aus“ oder „Lautstärke erhöhen/verringern“. Für uns ist das Licht unsichtbar, aber der Gegenstand, der den Code empfängt, beispielsweise dein Fernseher, kann es sehen.

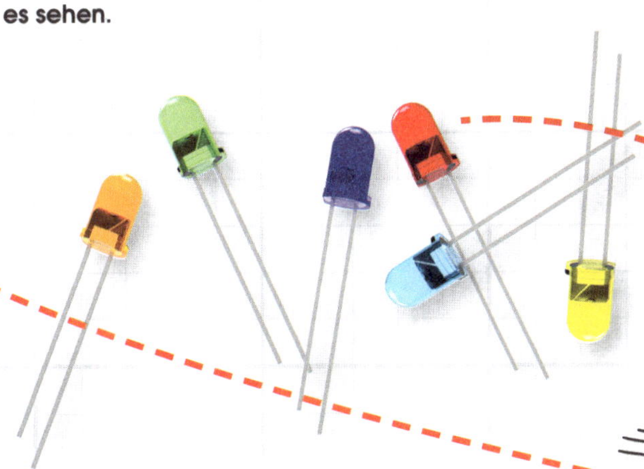

Elektromotoren

Dein mit Schwerkraft angetriebenes Auto ist nicht das einzige Fahrzeug, das kein Benzin benötigt. Immer mehr Autos nutzen die grüne, effizientere Antriebsquelle eines Elektromotors anstelle fossiler Brennstoffe. Elektromotoren haben große Akkus, mit denen Räder, Servolenkung und Scheinwerfer betrieben werden.

HAUSHALTS-HELFER

Diese tollen Erfindungen kannst du einfach für zu Hause oder zum Verschenken nachbauen!

SOLAR-NACHTLICHT

LED-GRUSSKARTE

SOLAR-NACHTLICHT

AUS EINER ALTEN GARTEN-SOLARLEUCHTE KANNST DU EIN NACHTLICHT-HÄUSCHEN BASTELN, DAS SICH EINSCHALTET, SOBALD ES DUNKEL WIRD.

Du brauchst:

Werkzeug:

- Heißklebepistole
- Schneidematte
- Teppichmesser
- Lineal aus Metall
- Filzstift

1 Zeichne auf der Wellpappe aneinandergrenzende Rechtecke an.

Planen!

Markiere an der Oberkante der beiden großen Quadrate die Mitte.

Setze 100 mm über dem ersten Mittelpunkt einen Punkt: Er markiert die Spitze des Daches. Über dem zweiten Mittelpunkt ebenfalls diesen Punkt setzen.

Verbinde die Ecken der großen Rechtecke mit der Spitze des Daches: Du erhältst zwei Dreiecke.

Schneide die Umrisse deines Hauses vorsichtig mit einem Teppichmesser aus.

Falze die senkrechten Linien leicht. Achte darauf, nicht zu tief zu schneiden.

Zeichne auf dem ersten Rechteck Tür und Fenster an. Das wird die Vorderseite des Hauses.

8

Bitte einen Erwachsenen um Hilfe!

Schneide das Fenster aus. Schneide die Tür so aus, dass man sie auf- und zumachen kann. Durch die Öffnungen wird später das Licht scheinen.

9

Nimm aus der Garten-Solarleuchte den Aufsatz heraus, in dem die Solarzelle, die LED-Leuchte und der Schalter enthalten sind.

10

Zeichne auf dem zweiten Rechteck den Umriss des Aufsatzes an.

11

Bitte einen Erwachsenen um Hilfe!

Schneide den eingezeichneten Kreis aus. Das Loch darf dabei nicht zu groß werden!

12

Setze die Leuchte so in das Loch, dass die Solarzelle nach außen zeigt.

13

Das vorgezeichnete Haus an den gefalzten Linien falten und mit der Heißklebepistole an den Außenkanten so zusammenkleben, dass ein dreidimensionales Haus entsteht.

Bitte einen Erwachsenen um Hilfe!

14

Schneide aus der Wellpappe ein Stück mit den Maßen 80 mm x 300 mm aus, falze es in der Mitte und falte es auf die Hälfte: Das wird das Dach.

15

Befestige das Dach mit Heißkleber auf dem Haus.

16

Bemale dein Haus nach Lust und Laune. Stelle das Nachtlicht tagsüber zum Aufladen auf ein sonniges Fensterbrett, dann leuchtet es in der Nacht. Einschalten nicht vergessen!

WIE ES FUNKTIONIERT

Die Solarzelle lädt sich tagsüber mit Sonnenenergie auf. Ein Lichtsensor schaltet das Licht dann ein, sobald es draußen dunkel wird.

LED-GRUSSKARTE

AN DIESER LUSTIGEN, UNGEWÖHNLICHEN KARTE WERDEN FREUNDE ODER FAMILIENMITGLIEDER IHRE HELLE FREUDE HABEN. WIR HABEN EIN WEIHNACHTSMOTIV GENOMMEN, ABER DU KANNST AUCH EINE GEBURTSTAGSKARTE DARAUS MACHEN!

Du brauchst:

Werkzeug:

- Klebestift
- Schere
- Bleistift und Buntstifte

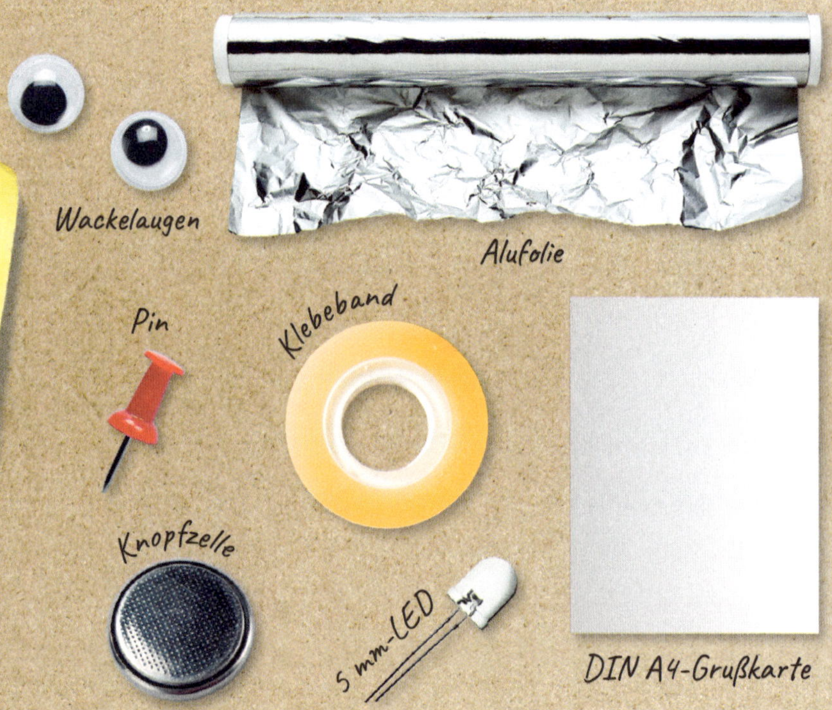

1

Gestalten!

Falte die Karte in der Mitte und male dein Motiv auf die Vorderseite. Der Entwurf sollte einen Punkt haben, an dem die Leuchtdiode sitzen soll, und einen „Hier drücken"-Punkt. Bemale die Karte, wie du möchtest.

2

Stich an der Stelle, an der das Lämpchen sitzen soll, mit dem Pin zwei Löcher ein in dem Abstand, den die beiden Beine der LED-Leuchte haben.

3

Platzieren!

Stecke das LED-Licht in die beiden Löcher. Das längere Bein muss links sein, das kürzere rechts.

4

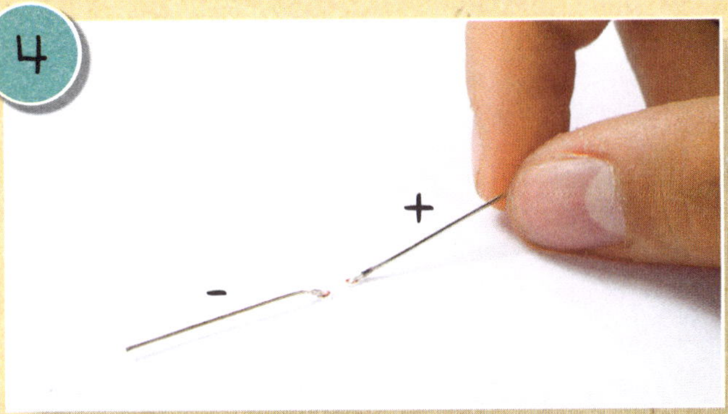

Drehe die Karte um und biege die beiden Beine der LED-Leuchte nach außen, um sie zu fixieren. Eines der beiden Beine ist länger – vergiss nicht, welches das ist: Das ist die positive Seite.

LEUCHTDIODE

Die LED-Leuchte muss in die richtige Richtung zeigen, um funktionieren zu können!
LED-Leuchten haben ein längeres Bein (positiv) und ein kürzeres Bein (negativ). Die negative Seite hat außerdem einen flachen Rand an der Unterseite der Birne.
LED-Leuchten gibt es in vielen Farben und Größen.

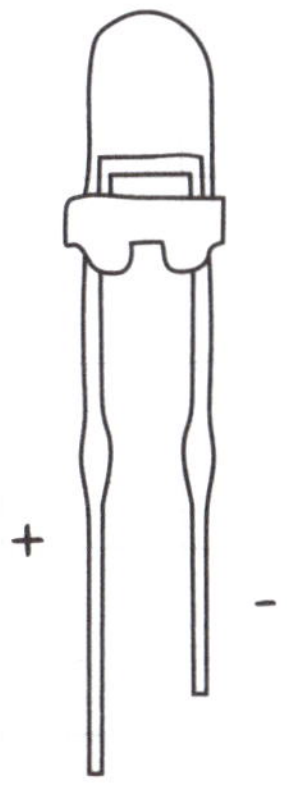

5

Schneiden!

Schneide zwei Streifen Alufolie, je 10 mm breit, ab.

6

Schiebe die Alufolie unter das eine Bein der LED-Leuchte und lege sie so weit aus, bis sie die Rückseite der Stelle, an der „Hier drücken" steht, erreicht hat. Mit Klebestift festkleben.

7

Die Karte wieder zuklappen und an der Innenseite einen Punkt markieren genau unter der Stelle, an der „Hier drücken“ steht.

8

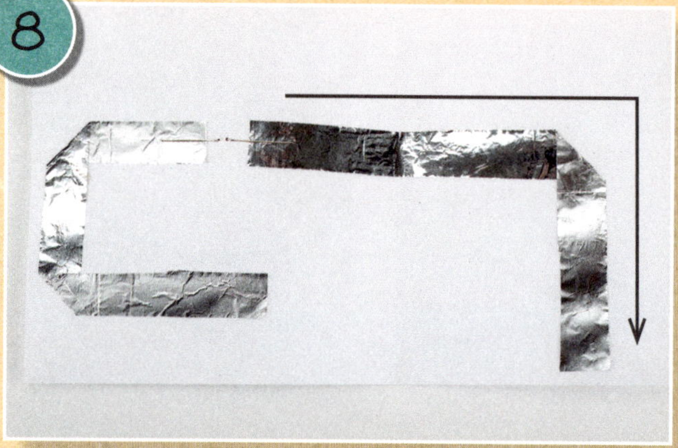

Vorsichtig den zweiten Streifen Alufolie um das andere Bein der LED-Leuchte legen und weiterführen bis zur gerade markierten Stelle.

WIE ES FUNKTIONIERT

Wenn du die Karte zuklappst, berühren sich die Folien an der Vorderseite und an der Rückseite, sodass ein Stromkreislauf entsteht, der mit der Knopfzelle betrieben wird.

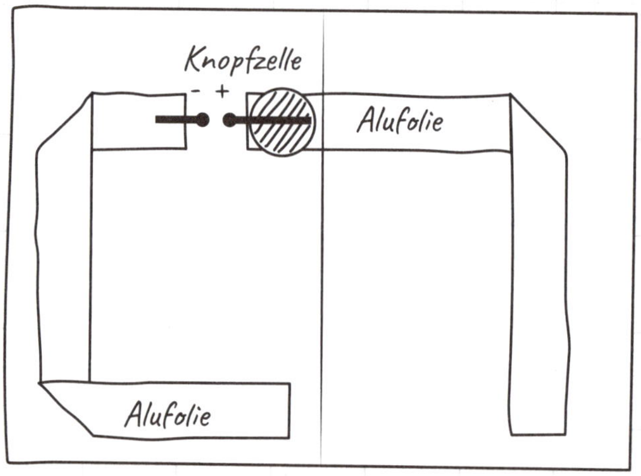

9

Schiebe die Knopfzelle zwischen die Alufolie und das längere Bein der LED-Leuchte. Die positive (+) Seite soll nach oben zeigen. Befestige beide Beine der LED-Leuchte mit Klebeband.

10

Verziere deine Karte, zum Beispiel mit Wackelaugen.

11

Klappe die Karte zu und probiere sie aus!

WENN DIE LED NICHT FUNKTIONIERT

- Die Knopfzelle umdrehen. Vielleicht hast du die positive und die negative Seite verwechselt?
- Stelle sicher, dass die Alufolie, die Beine der LED-Leuchte und die Knopfzelle richtig fixiert sind, damit du keinen Wackelkontakt erzeugst.
- Stelle sicher, dass die beiden Streifen Alufolie nirgendwo unterbrochen sind.

HAUSHALTSHELFER: DIE TECHNIK DAHINTER

LEDs

Licht-Emissions-Dioden (kurz: LEDs) finden in zahlreichen Alltagsgegenständen Verwendung, beispielsweise einzeln als Stand-by-Licht in deinem Fernseher oder gebündelt im Inneren einer Ampel. Sie verbrauchen wesentlich weniger Strom als normale Glühbirnen und sie halten viel länger.

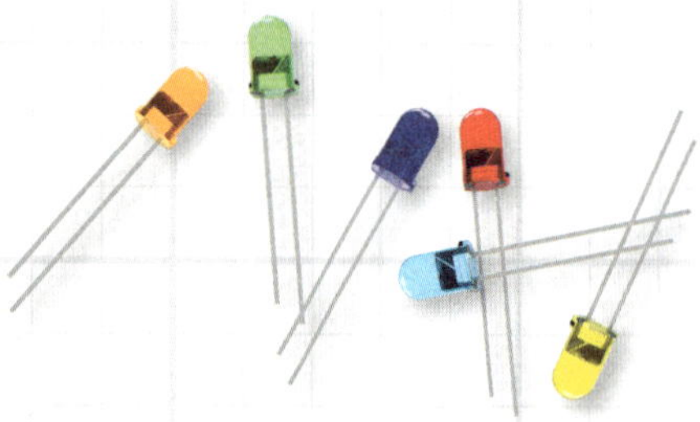

Solarenergie

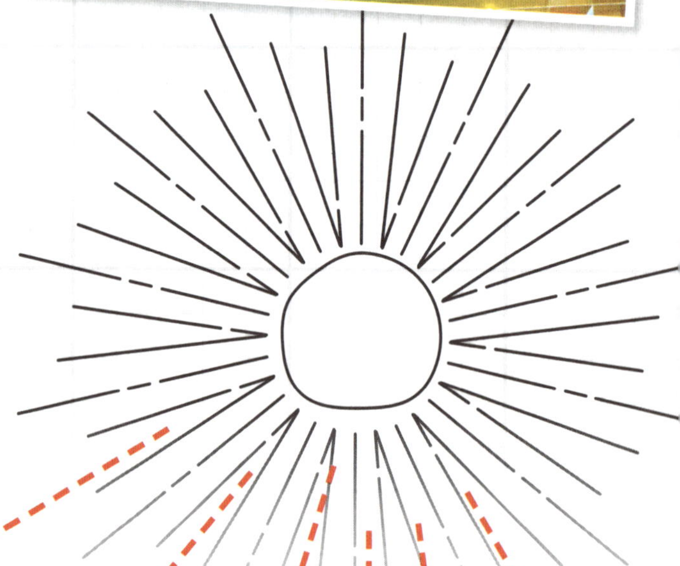

Dein Nachtlicht leuchtet nur, wenn es draußen dunkel ist. Aber wie generiert und speichert es tagsüber Strom? Es nutzt eine sogenannte Photovoltaik-Zelle, um Sonnenenergie zu sammeln. Sie wird in einer kleinen Batterie gespeichert und kann benutzt werden, wenn es dunkel wird. In sonnigen Ländern werden bereits große Flächen mit Sonnenkollektoren zur Stromversorgung genutzt. Dies wird vielleicht eines Tages die billigste und sauberste Energiequelle sein.

Im Inneren der Batterie

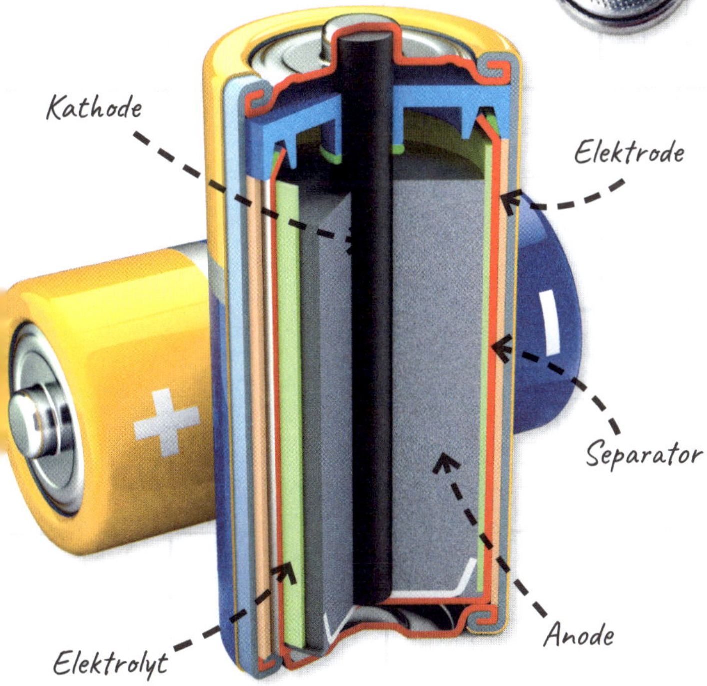

Im Alltag nutzen wir Batterien für viele verschiedene Geräte. Hast du dir schon einmal die Frage gestellt, was sich eigentlich in ihrem Inneren befindet? Batterien bestehen aus Zellen, die sich aus Elektroden, einem Elektrolyt und einem Separator zusammensetzen. Jede Zelle hat zwei Elektroden. Am positiven Ende hängt eine Kathode, am negativen Ende eine Anode. Wenn der Stromkreis geschlossen wird, findet in der Batterie eine chemische Reaktion statt, die den Strom liefert.

Leitfähigkeit

Wusstest du, dass auch andere Materialien als Kabel und Metall die Fähigkeit haben, Strom zu leiten? Salzwasser ist ein guter Leiter, ebenso saure Flüssigkeiten wie Zitronensaft und kohlensäurehaltige Limonaden. Flüssigkeiten an einem Ort zu halten, ist aber nicht einfach. Versuche es stattdessen mal mit Knete – auch das darin enthaltene Salz leitet den Strom!

ZUM MITNEHMEN

DIESE TOLLEN PROJEKTE SIND SEHR PRAKTISCH FÜR ALLE MÖGLICHEN ABENTEUER, DIE DU UNTERWEGS ERLEBEN KANNST!

LEUCHT-BEUTEL

FEDERMÄPPCHEN AUS KLEBEBAND

LEUCHT-BEUTEL

DIESE LEUCHTFIGUREN FÜR DEINEN RUCKSACK KANNST DU GANZ EINFACH SELBER NÄHEN. DU BENUTZT DAFÜR LEITFÄHIGES NÄHGARN!

Du brauchst:

Werkzeug:

- Nadelzange
- Heißklebepistole
- Schneidematte
- Schere

1

Eine Knopfzelle in eine Batteriefassung einsetzen, die man einnähen kann.

2

Schneide ein 50 mm x 60 mm großes Stück Filz zu. Klebe die Batteriefassung mit einem Tropfen Heißkleber auf die linke Seite des Filzes.

3

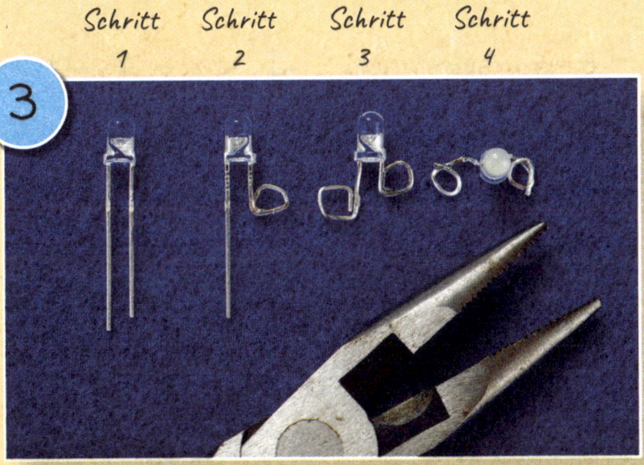

Bei einer LED ist ein Bein länger als das andere. Das ist das POSITIVE Bein. Nimm die erste LED und rolle beide Beine mit der Nadelzange unterhalb des Kopfes auf, wie oben gezeigt. Die aufgerollten Beine so biegen, dass die LED flach liegen kann. Wiederhole den Schritt für die beiden anderen LEDs. Merke dir, welches jeweils das lange und welches das kurze Bein ist.

4

Fädle etwa 300 mm leitfähiges Nähgarn durch eine Nähnadel.

5

Nähe die Batteriefassung so auf den Filz, dass alle drei LEDs daneben noch Platz haben. dabei etwa sechsmal durch das POSITIVE Loch stechen. Ziehe das Garn gut fest. Das zweite Loch noch nicht festnähen!

6

Nähe die erste LED an. Dazu den leitfähigen Faden drei- bis viermal um das aufgerollte längere POSITIVE Bein nähen und gut festzurren, damit der Strom fließen kann. Die linke Seite der LED noch nicht befestigen!

7

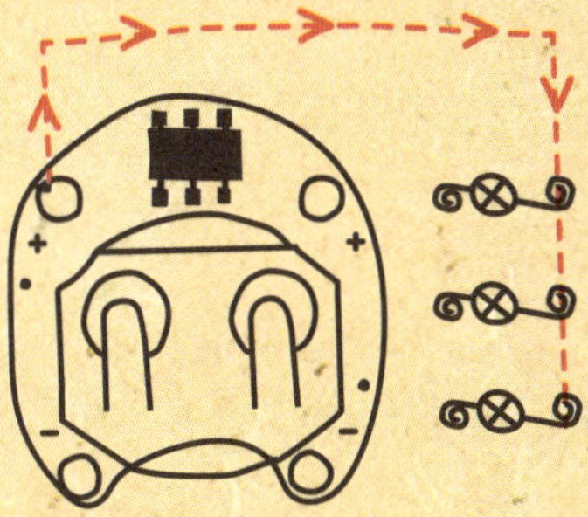

Diesen Arbeitsschritt wiederholen, um auch die zweite und dritte LED an der POSITIVEN Seite festzunähen, wie abgebildet. Nachdem die dritte LED angenäht ist, den Faden abtrennen.

8

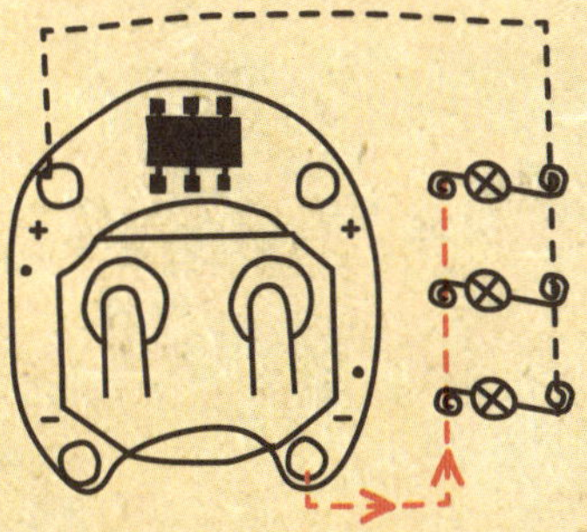

Nähe mit einem neuen leitfähigen Faden das NEGATIVE Loch (-) der Batteriefassung an und verbinde es mit den NEGATIVEN Beinen der LEDs, indem du diese Beine nun auch festnähst. Nachdem die dritte LED festgenäht ist, den Faden abtrennen.

9

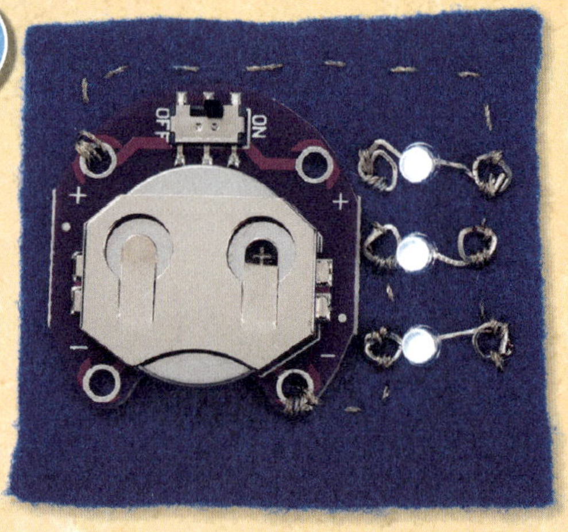

Das Ergebnis sollte ein genähter Stromkreislauf sein, wie hier abgebildet. Schalte die Batterie ein, um sie zu testen.

10

Schneide Filz-Rechtecke in zwei verschiedenen Farben und einen schmalen Streifen in einer dritten Farbe zu.

11

Lege die beiden Rechtecke aufeinander und nähe sie mit einem nicht leitfähigen Faden an drei Seiten zu einem Beutel zusammen.

12

Stopfe den Beutel mit Filzresten aus.

13

Forme aus dem dritten, schmalen Filzstück eine Schlaufe und platziere sie in der Mitte der noch offenen Kante.

14

Die Schlaufe mit ein paar Stichen fixieren, dann die Kante verschließen, damit die Füllung drin bleibt.

15

Verziere den Beutel jetzt nach Lust und Laune. Wir haben einen Roboter gemacht! Befestige die Filzstücke entweder mit Heißkleber oder nähe sie an. Dann den Stromkreislauf hinzufügen.

16

Zum Schluss noch einen Haken oder Karabiner zum Anhängen an der Schlaufe anbringen.

Hier findest du noch ein paar weitere Ideen. Der Fisch hat eine LED am Ende des Pfeifenreinigers und den Schalter im Mund!

Wie es funktioniert

Leitfähiges Nähgarn kombiniert normales Garn mit einem flexiblen, leitfähigen Material wie Stahldraht oder Silber. Du kannst es leicht online bestellen. Es ist nicht günstig – aber für Projekte wie dieses hier gilt: Kleine Utensilien haben große Effekte!

FEDERMÄPPCHEN AUS KLEBEBAND

DIESES STIFTEMÄPPCHEN IST HÜBSCH, ROBUST UND SCHNELL GEMACHT!

Du brauchst:

Werkzeug:
- Schneidematte
- Schere
- Lineal
- Teppichmesser
- Stift

Klebeband in zwei verschiedenen Farben oder Mustern

wiederverschließbarer Plastikbeutel

1

Schneide an der Oberkante des Plastikbeutels den Verschluss ab, sodass du einen 20 mm breiten Streifen erhältst. Den restlichen Beutel für später beiseitelegen.

Trenne den Verschlussstreifen an beiden Seiten auf und lege die Hälften mit dem Verschluss nach oben vor dich hin.

20 mm Klebeband abschneiden und unterhalb des Verschlusses ankleben, sodass es nach unten übersteht.

Umdrehen und das überstehende Klebeband nach oben falten und ankleben. Mit dem zweiten Streifen wiederholen.

Den Streifen wieder umdrehen. Dann 20 mm andersfarbiges Klebeband abschneiden und an das erste Klebeband ansetzen. Das wird die Seite des Federmäppchens.

Noch einmal 20 mm Klebeband abschneiden und ansetzen.

Verfahre so auch mit dem zweiten Verschluss: Es sollen zwei gleiche Teile werden. Lege die Teile dann nebeneinander, sodass die Verschlüsse nach außen zeigen.

Verbinde die beiden Stücke mit dem Klebeband, das du zuerst benutzt hast.

Beklebe das Innere bis hinauf zum Verschluss mit weiteren Streifen Klebeband. Achte darauf, dass du nicht über den Verschluss klebst!

Falte das Federmäppchen in der Mitte und verschließe es.

Verklebe die Seiten mit dünneren Streifen Klebeband.

Zeichne auf dem Rest des Beutels 100 mm x 60 mm großes Rechteck für das Namenschild an.

Mit der Schere ausschneiden.

14

Klebe die lange offene Kante des Rechtecks mit einem gemusterten Klebeband zu.

15

Verwende das gleiche gemusterte Klebeband, um das Schild auf das Federmäppchen zu kleben.

Probiere andere Designs mit verschieden gemusterten Klebebändern aus und verstaue deine Stifte ganz farbenfroh!

ZUM MITNEHMEN: DIE WISSENSCHAFTLICHEN HINTERGRÜNDE

Was ist Klebstoff?

Klebstoffe sind Teil einer großen Familie. Manche werden aus Chemikalien hergestellt, andere bestehen aus natürlichen Dingen wie Tierknochen oder Fischgräten, Harz und sogar Milch! In der Frühzeit entdeckten die Menschen Klebstoffe zufällig beim Verarbeiten von Tierknochen, Häuten und Fellen. Die dabei entstehende Substanz war klebrig und nützlich, um Dinge zusammenzukleben.

Warum ist Isolierband so stark?

Isolierband besteht aus waagerecht und senkrecht miteinander verwobenen Fasern. Die eine Seite ist mit dünnem, flexiblem Kunststoff beschichtet, die andere mit Klebstoff. Die Fasern verleihen dem Klebeband eine große Stabilität und halten es gleichzeitig flexibel. Es lässt sich einfach in dünne Streifen reißen.

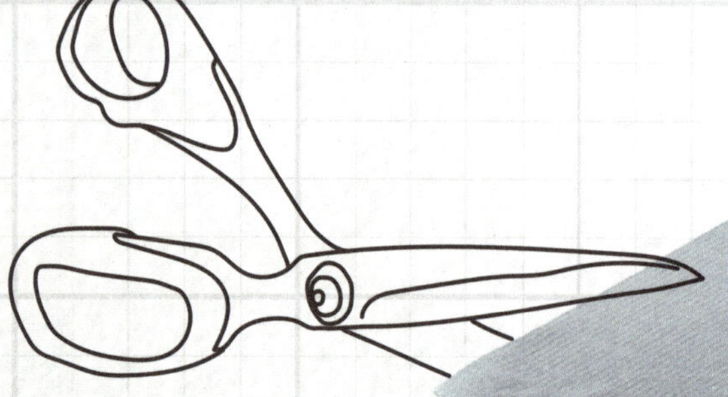

Elektronik zum Anziehen

Wäre es nicht cool, wenn wir in unseren Kleidern einen unsichtbaren Computer mitnehmen könnten? Wissenschaftler arbeiten bereits daran, elektronische Geräte in alle möglichen weichen Materialien zu integrieren. Dafür werden sehr feine Fasern mit Silber ummantelt und dann zu Fäden versponnen. Diese kann man nutzen, um elektrische Komponenten wie Lichtquellen in Kleidung einzuarbeiten und sehr einzigartige Modeartikel herzustellen. Auch für medizinische Zwecke, beispielsweise das Überwachen von Herzfrequenz oder Blutdruck durch die Kleidung, wird Technologie zum Anziehen entwickelt.

Wie werden Kunststoffe produziert?

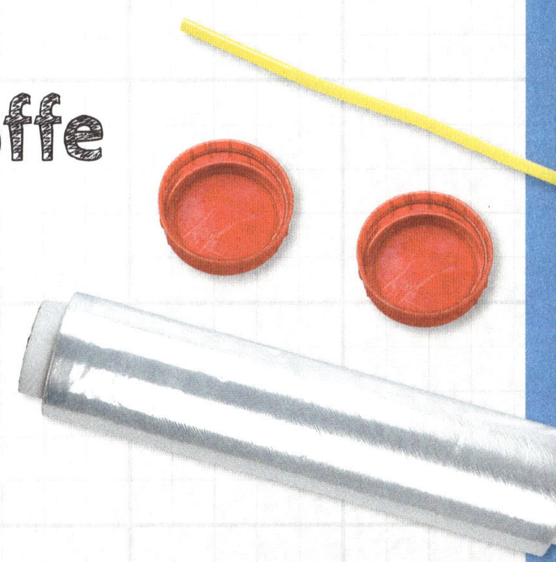

Kunststoff ist auf den ersten Blick ein künstliches Material – aber wusstest du, dass er aus natürlichen Rohstoffen wie Öl, Kohle und sogar Erdgas hergestellt wird? Die einfachen Moleküle dieser Substanzen werden zu stabilen, robusten Molekülen verbunden, den sogenannten Polymeren. Da diese Polymere aber nicht natürlich vorkommen, kann es sehr lange dauern, bis Kunststoffe zersetzt werden. Sie verschmutzen die Umwelt und die Ozeane. Darum ist es wichtig, Kunststoffgegenstände so oft wie möglich wiederzuverwenden.

MINI-WELTEN

All diese Projekte sind fantastische Mini-Versionen von im echten Leben wesentlich grösseren Dingen!

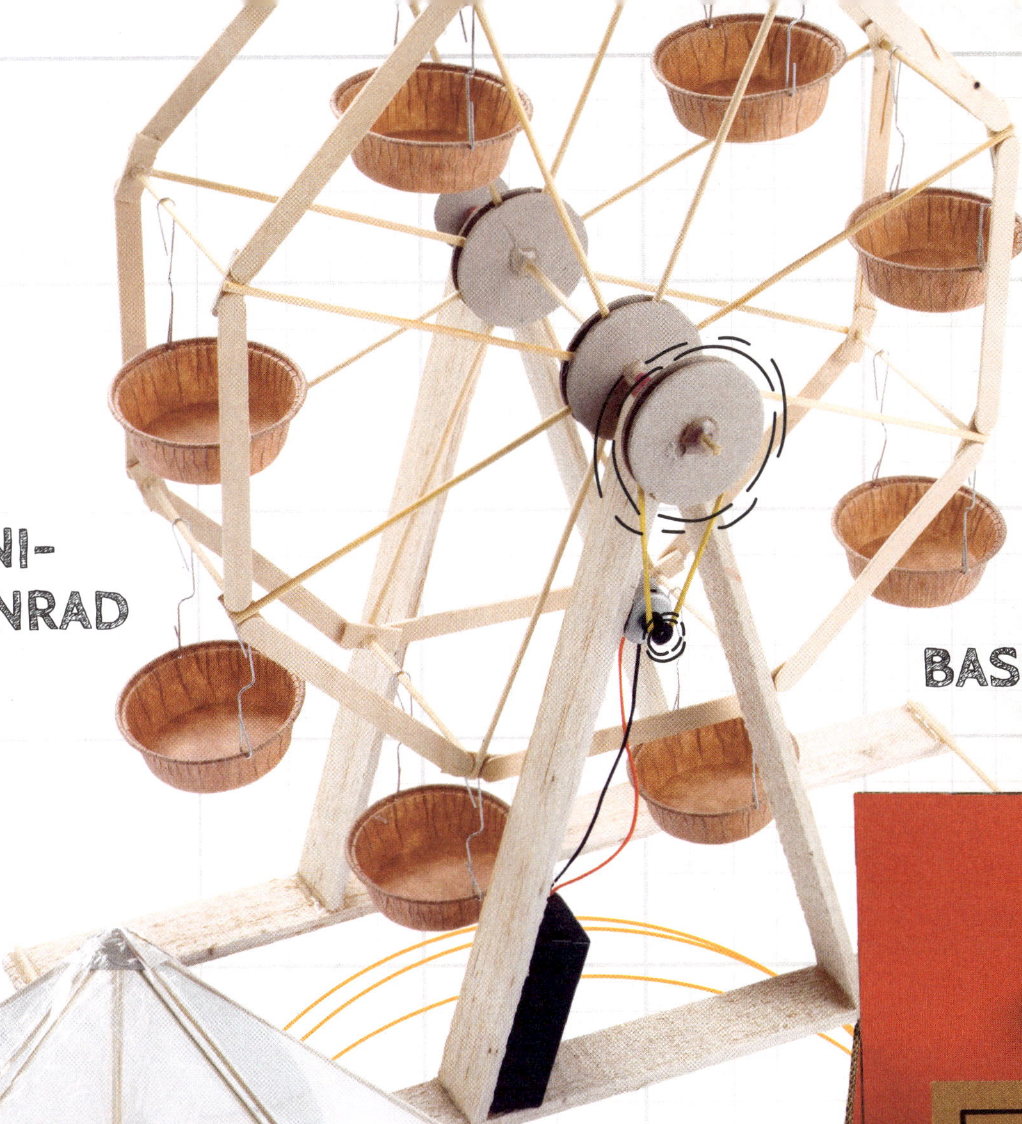

MINI-
RIESENRAD

MINI-
BASKETBALL-
SPIEL

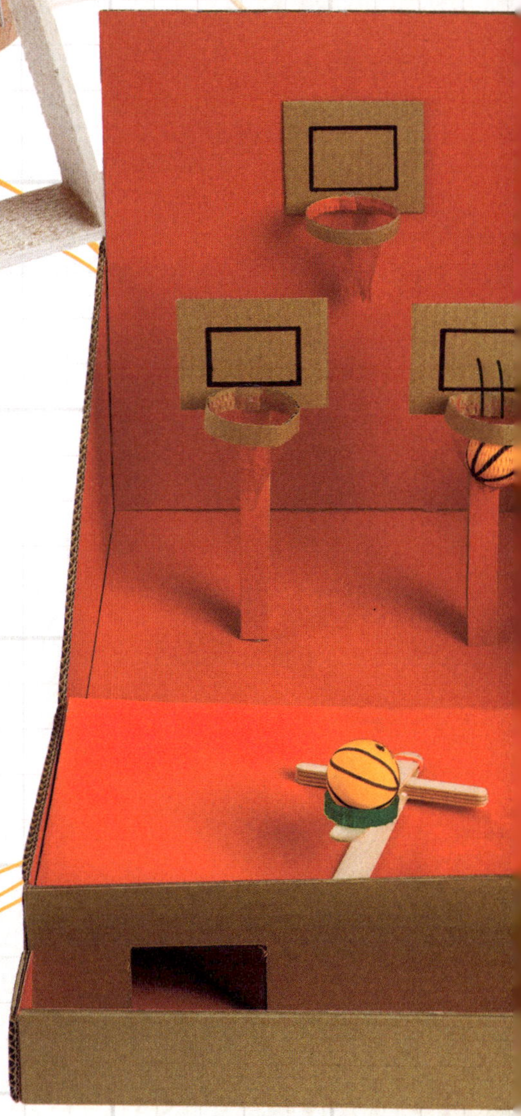

MINI-GEWÄCHSHAUS
MIT KUPPEL

MINI-GEWÄCHSHAUS MIT KUPPEL

IN DIESEM GEWÄCHSHAUS IM KLEINFORMAT HABEN ES BESONDERS EMPFINDLICHE PFLANZEN SCHÖN WARM ... UND ES SIEHT AUCH NOCH SUPER AUS!

Schneide die Pappe in 30 mm breite Streifen.

Miss von der oberen linken Ecke der Streifen 175 mm ab und setze eine Markierung. Ab diesem Punkt Abstände von 35 mm markieren.

3

An der unteren Kante links damit beginnen, Abstände von 35 mm zu markieren.

4

Verbinde die markierten Punkte so, dass du lauter Dreiecke erhältst.

5

Schneide die Dreiecke aus – du brauchst insgesamt 45 Stück.

6

Lege drei Bambusstäbchen zu einem Dreieck. Unter jede Ecke ein Karton-Dreieck legen und mit Heißkleber befestigen.

7

Wiederhole diesen Arbeitsschritt – du brauchst insgesamt 15 Dreiecke aus Bambusstäbchen.

8

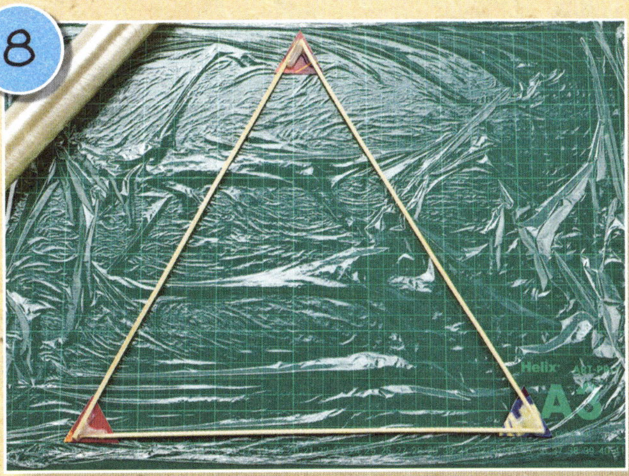

Lege das erste Dreieck auf ein Stück Frischhaltefolie.

9

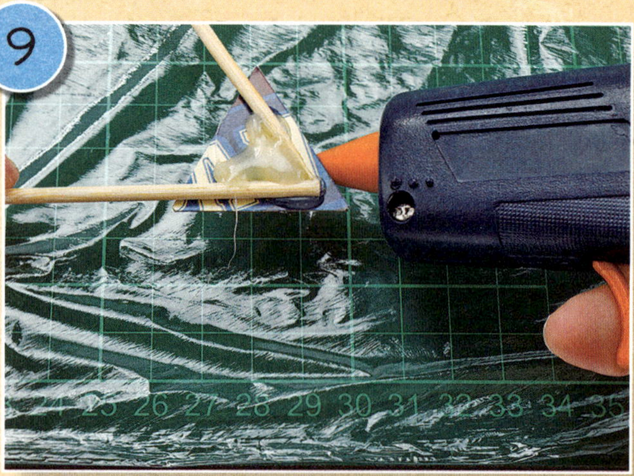

Hebe vorsichtig eine Ecke an und gib Heißkleber oder doppelseitiges Klebeband auf die Folie darunter. Die Ecke andrücken.

10

Bitte einen Erwachsenen um Hilfe!

Wiederhole dies für die anderen beiden Ecken. Dabei die Folie jedes Mal fest spannen. Schneide die Folie so ab, dass sie einen 3 mm breiten Rahmen um das Dreieck bildet.

11

Schlage den Folienrahmen so um die Bambusstäbchen, dass eine saubere Kante entsteht. Wiederhole dies bei allen 15 Dreiecken.

12

Lege zwei Dreiecke aneinander und fixiere sie mit durchsichtigem Klebeband.

13

Weitere drei Dreiecke hinzufügen, sodass ein Sechseck entsteht, in dem ein Dreieck fehlt, wie abgebildet. Die Form mit durchsichtigem Klebeband fixieren.

14

Hebe die Mitte des Sechsecks an, sodass sich ein Dach bildet. Dabei die beiden noch offenen Kanten zusammenführen und mit Klebeband fixieren.

15 Lege fünf Dreiecke sternförmig an der unteren Kante des Daches an und fixiere sie mit Klebeband.

16 Die restlichen fünf Dreiecke jeweils an die linke Seite der Dreiecke aus Schritt 15 anlegen und mit Klebeband fixieren.

17 Hebe vorsichtig die Mitte des Daches hoch, sodass die Seiten „herunterfallen“ und eine Kuppel bilden. Fixiere die noch offenen Kanten mit Klebeband, und fertig ist die geodätische Kuppel!

WIE ES FUNKTIONIERT

Dein Gewächshaus hält die Wärme drinnen, aber lässt auch Licht hinein. Es ist perfekt, um Pflanzen zu züchten, die nur in heißem Klima wachsen!

MINI-BASKETBALLSPIEL

SOLCHE VORRICHTUNGEN FÜR BASKETBALLSPIELE KENNST DU VIELLEICHT VON SPORTANLAGEN – DIESE IST NUR EIN BISSCHEN KLEINER!

1

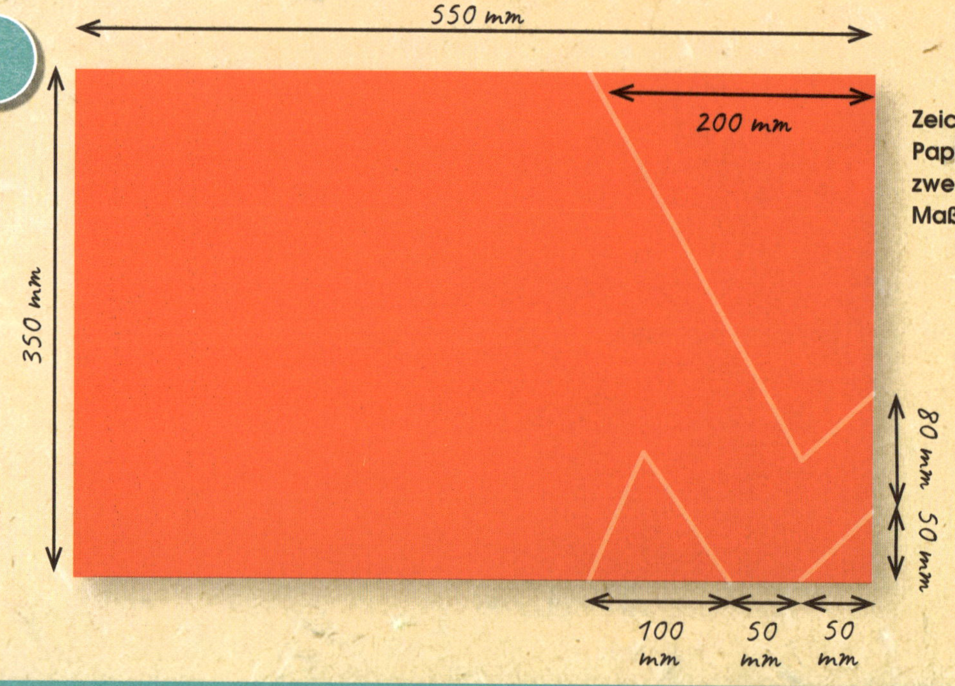

Zeichne auf einem Stück Pappe als Grundfläche zwei Zickzacklinien an, die Maße siehst du links.

2

Schneide aus einem zweiten Stück Pappe 60 mm breite Streifen aus in der Länge der eingezeichneten Zickzacklinien. Mit Heißkleber auf den Linien fixieren.

3

Zeichne auf zwei Stücken Pappe die Konturen wie hier abgebildet an.

4

Schneide die Teile aus. Das werden die Seitenwände des Spiels.

5

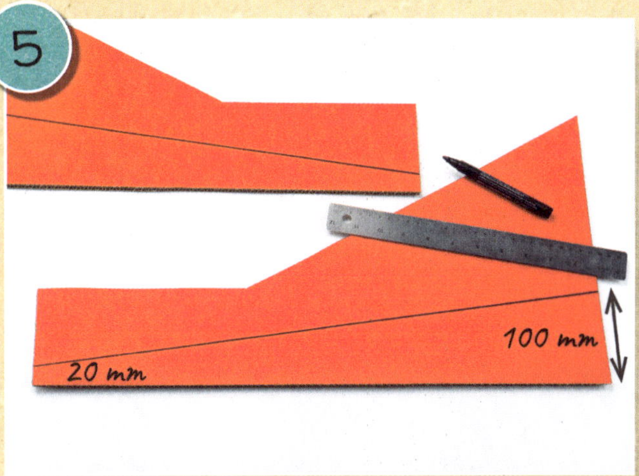

Auf der Außenseite der Seitenwände zwei Diagonalen anzeichnen, wie hier abgebildet.

6

Klebe die Grundfläche mit Heißkleber jeweils entlang der Diagonalen an den Seitenwänden fest.

7

So sieht dein Mini-Spielfeld jetzt aus.

8

Schneide aus der Pappe, aus der du die Zickzackstreifen ausgeschnitten hast, einen weiteren, 100 mm breiten Streifen als Boden aus. Lege den Streifen an der offenen Seite an und markiere den Abstand zwischen den Zickzacklinien darauf. Schneide in dieser Größe ein Dreieck aus.

9

Fixiere den Boden mit Heißkleber.

10

Aus der gleichen Pappe zwei 50 mm x 350 mm große Stücke und zwei 50 mm x 50 mm große Stücke ausschneiden. Klebe sie so zusammen, dass eine Wanne mit zwei Seiten entsteht. Diese an die Vorderseite des Spiels kleben.

11

Bastle aus dem Obstnetz die Körbe. Dazu die Enden abschneiden und das Netz an einer Seite aufschneiden, sodass eine rechteckige Form entsteht. In drei 70 mm x 200 mm große Streifen schneiden.

12

Schneide einen 200 mm x 10 mm großen Streifen aus Karton zu. Befestige mit Klebstoff ein Stück Netz daran. Den Streifen zu einem Ring formen und mit Klebstoff fixieren. Wiederhole diesen Arbeitsschritt noch zweimal, sodass du drei Körbe erhältst.

13

Vier 200 mm x 20 mm große Streifen aus Pappe zuschneiden. Je zwei Streifen T-förmig zusammenkleben. Das sind die Pfosten.

14

Schneide aus einem Papprest drei 100 mm x 80 mm große Rechtecke aus. Zeichne mit Filzstift eine rechteckige Markierung darauf an.

15

Befestige je eine dieser Pappen mit Heißkleber an den beiden Pfosten und klebe dann je einen Korb an.

16

Klebe die dritte Pappe mit Rechteck in die Mitte der Rückwand und befestige die beiden Pfosten auf dem Spielfeld davor.

17

Bastle das Katapult für den Ball aus zwei breiten Holzstäbchen. Dazu die beiden Stäbchen aufeinanderlegen und an einem Ende mit zwei Gummibändern fixieren.

18

Klebe dann vier schmale Holzstäbchen aufeinander.

19

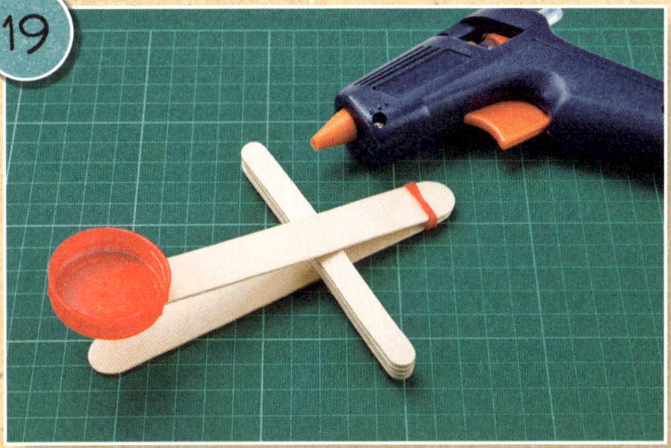

Klemme den Stapel aus schmalen Stäbchen zwischen die beiden breiten Holzstäbchen und schiebe ihn so nah wie möglich an das Gummiband, um ein Katapult zu bilden. Mit Heißkleber fixieren, dann den Flaschendeckel an der Spitze des oberen Stäbchens festkleben.

20

Bitte einen Erwachsenen um Hilfe!

Säge von dem Holzdübel ein 50 mm langes Stück ab.

21

Drehe das Katapult um und klebe das Dübelstück kurz vor der Mitte an.

22

Mit einem Bleistift oder einem spitzen Gegenstand ein Loch für den Dübel vorne in den Boden des Spiels bohren.

23

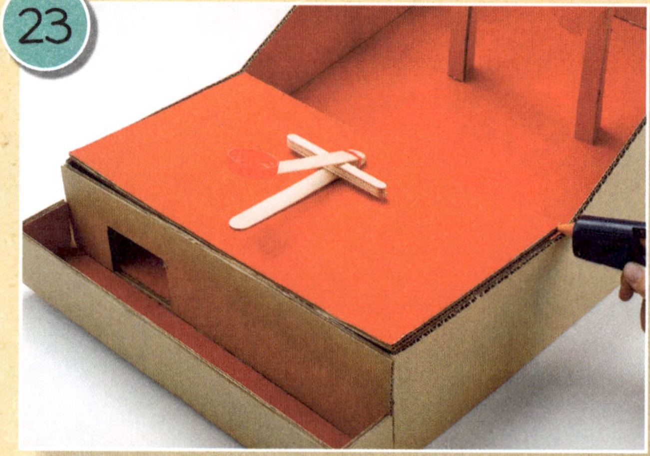

Stecke das Katapult mit dem Dübel in das Loch und drehe es in Richtung der Körbe. Mit Heißkleber fixieren.

24

Mit schwarzem Filzstift Linien auf die (am besten orangefarbenen) Tischtennisbälle zeichnen, sodass sie wie Basketbälle aussehen.

Dein Spiel ist jetzt fertig! Mit dem Katapult kannst du die Bälle in die Körbe „werfen“. Wie viele Körbe triffst du?

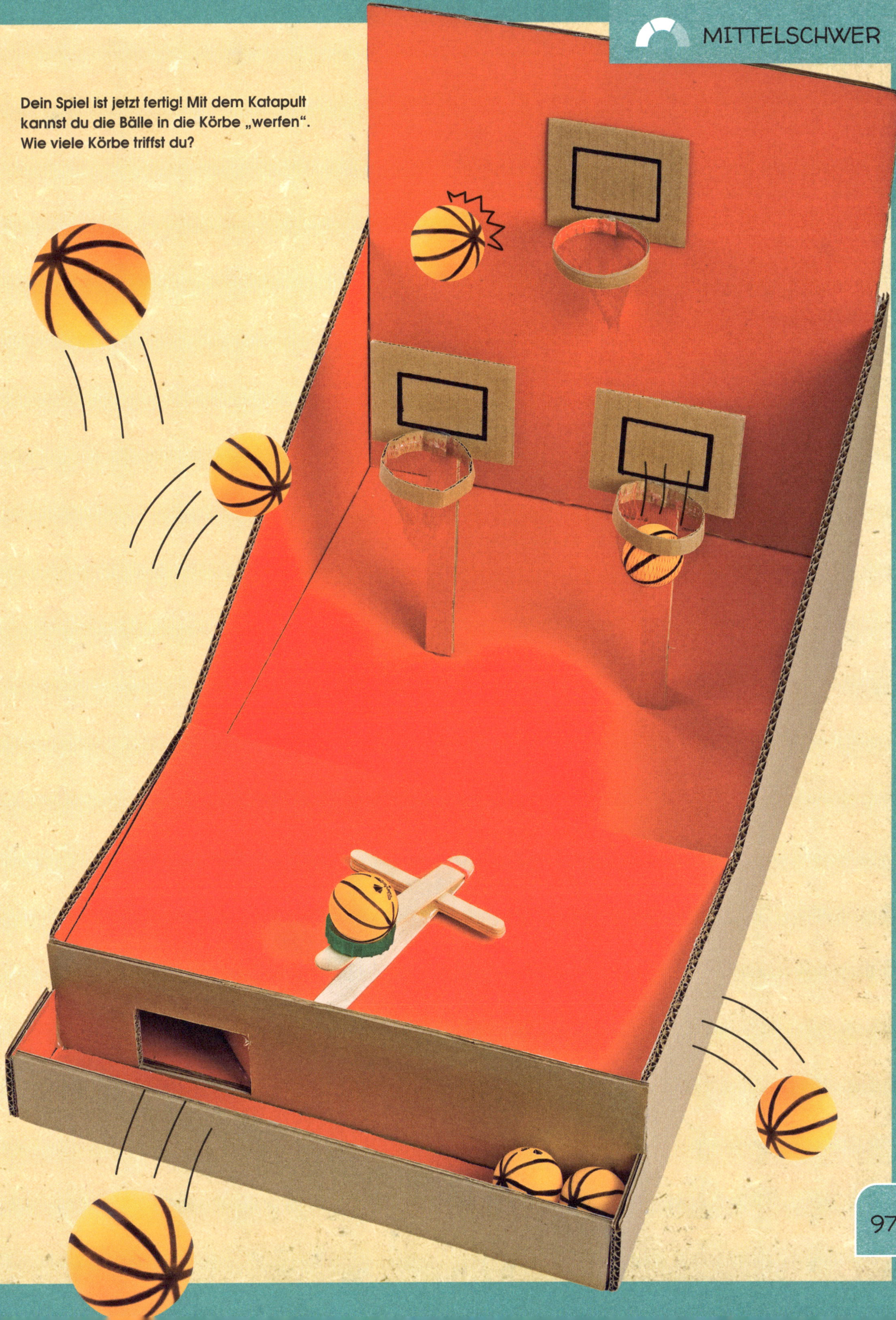

MINI-RIESENRAD

Beim Anblick dieses prachtvollen Mini-Riesenrads werden deine Freunde beeindruckt nach Luft schnappen!

Du brauchst:

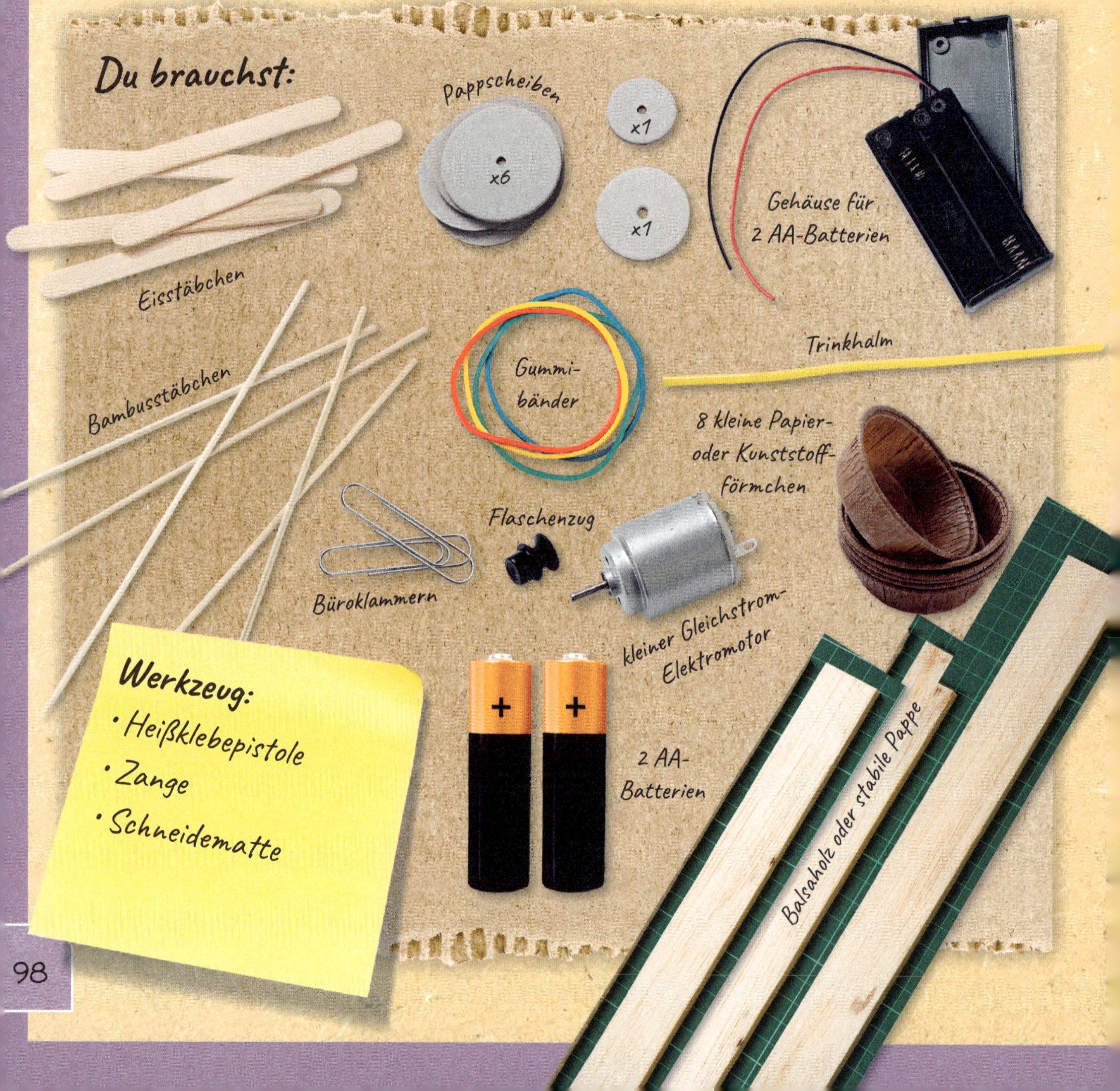

Werkzeug:

- Heißklebepistole
- Zange
- Schneidematte

1

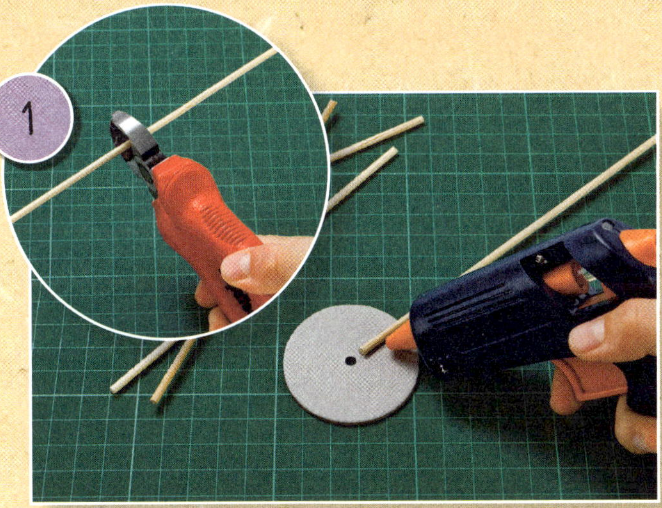

Schneide acht 155 mm lange Bambusstäbchen zu und klebe ein Stäbchen, mittig beginnend, auf eine große Pappscheibe.

2

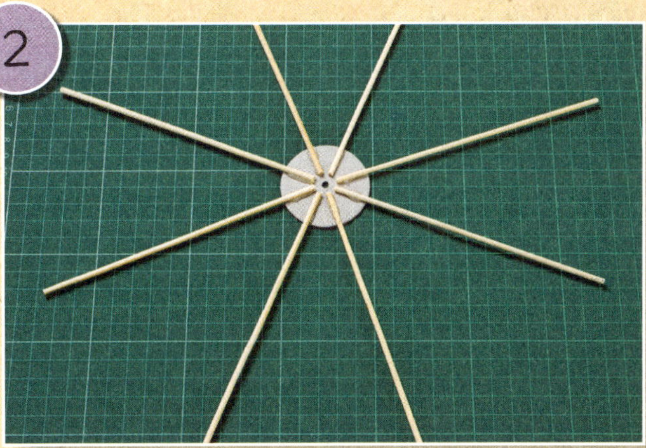

Die restlichen sieben Stäbchen in gleichmäßigen Abständen zueinander ebenfalls aufkleben. Das werden die Speichen.

3

Dann Holzstäbchen in acht kurze Stücke teilen …

4

… und je eines an die Enden der Speichen kleben.

5

Eine zweite große Pappscheibe auf die erste mit den Speichen kleben.

6

Mit Heißkleber schmale Holzstäbchen in die Zwischenräume der Speichen kleben. Das wird der äußere Rand des Riesenrads.

7 Die Arbeitsschritte 1–6 wiederholen. Das wird das zweite Rad.

8

Ein Bambusstäbchen in acht 100 mm lange Stücke schneiden.

9

Je eines senkrecht an einem der Räder an die Stellen kleben, wo die schmalen Holzstäbchen an den Speichen angeklebt sind.

10

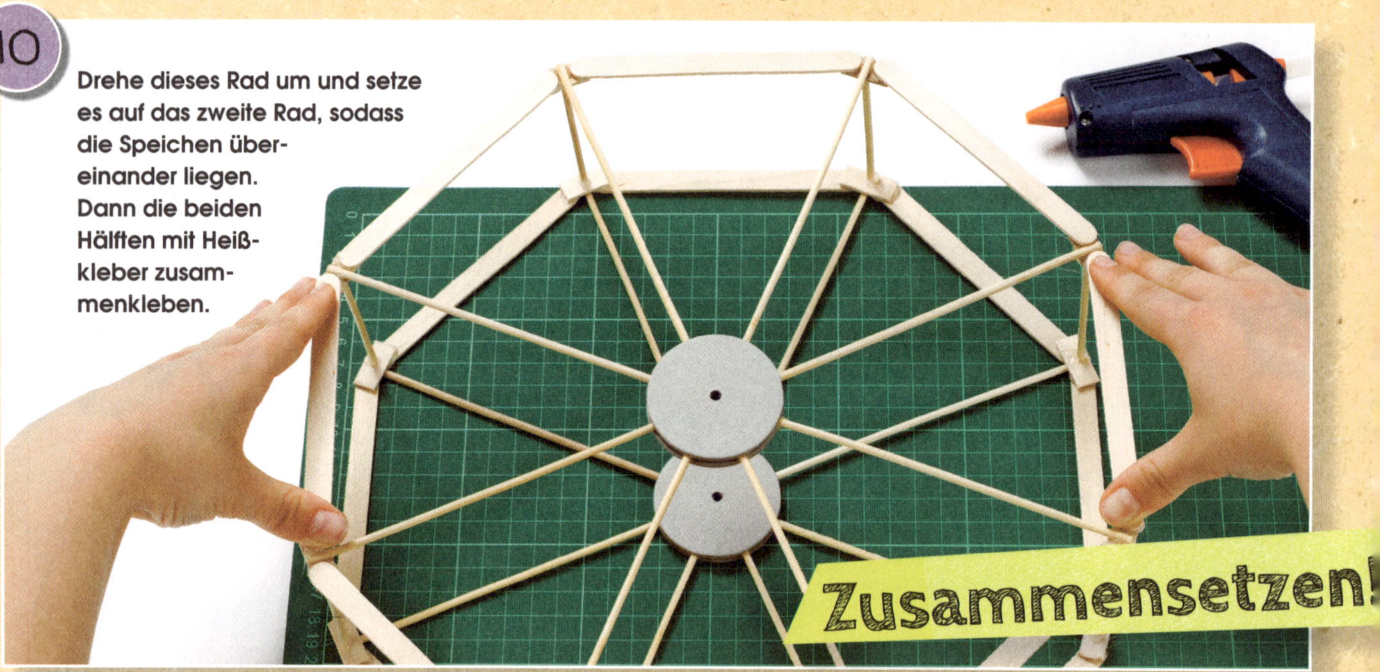

Drehe dieses Rad um und setze es auf das zweite Rad, sodass die Speichen übereinander liegen. Dann die beiden Hälften mit Heißkleber zusammenkleben.

11

Führe ein Bambusstäbchen durch die Mitte der beiden Räder …

12

… und fixiere es mit Heißkleber.

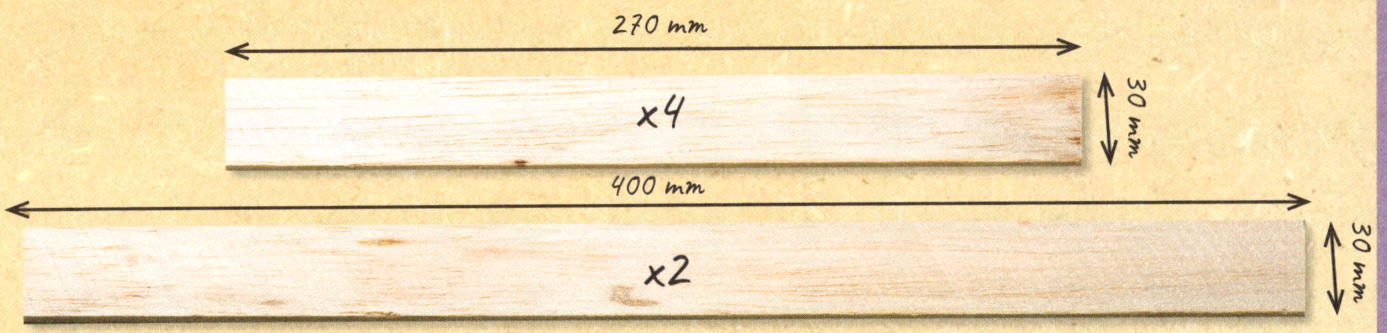

13 Schneide das Balsaholz oder eine stabile Pappe in je zwei 40 mm x 400 mm große Stücke und vier je 30 mm x 270 mm große Stücke.

14

Zwei der kürzeren Stücke V-förmig zusammenkleben. Das V umdrehen und mittig auf eines der längeren Stücke kleben. Das wird der Rahmen. Wiederhole diesen Arbeitsschritt, um einen zweiten Rahmen zu bauen.

15

Klebe auf jedes umgekehrte V oben ein kurzes Stück des Trinkhalms. Die Rahmen rechts und links des Riesenrads platzieren und die Trinkhalmstücke über die Stäbchenenden schieben. Der Abstand zwischen Rahmen und Rädern sollte jeweils ein paar Millimeter betragen.

16

Die beiden Rahmen am Rand mit je einem Stück eines Bambusstäbchens stabilisieren, das mit Heißkleber fixiert wird.

17

Bastle aus acht Papierförmchen und aufgebogenen Büroklammern die Kabinen des Riesenrades. Befestige zwei Büroklammern an einem Förmchen und hänge den Sitz damit an den Querstreben ein.

Zur Motorisierung deines Riesenrads baust du einen Flaschenzug aus Pappe. Dazu eine mittlere und zwei größere Pappscheiben kombinieren und zusammenkleben wie abgebildet.

Setze den kleinen Kunststoff-Flaschenzug auf den Motor.

20

Schließe den Motor an die Batterien an. Dazu die Drähte durch je einen Anschluss auf der Rückseite des Motors ziehen und dort verzwirbeln, um den Stromkreis zu schließen.

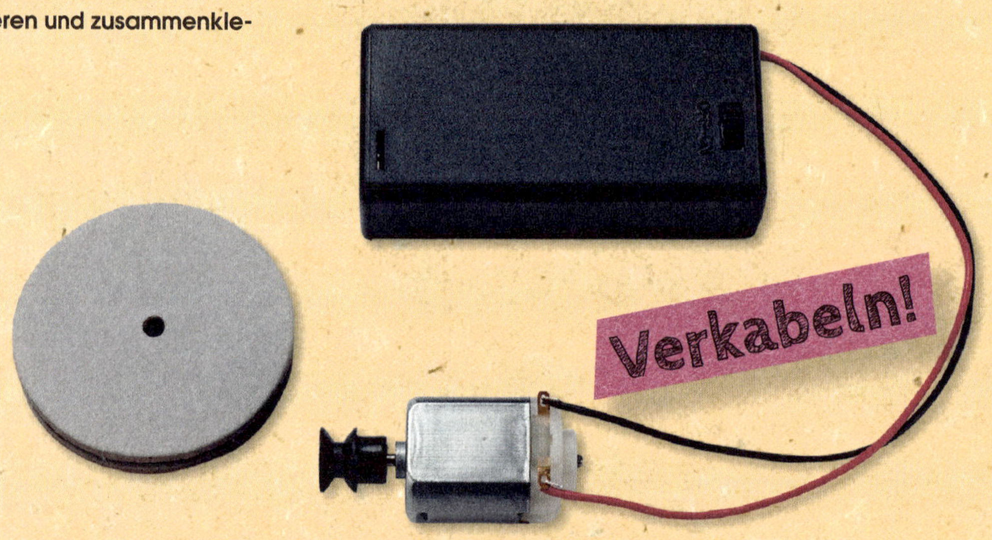

Den Flaschenzug von außen auf das Stäbchen in der Mitte des Riesenrads stecken und festkleben. Dann ein Gummiband um den kleinen Kunststoff-Flaschenzug am Motor und den großen Pappflaschenzug legen.

Den Motor unterhalb des Pappflaschenzugs an den Rahmen kleben und das Gummiband straffziehen. Das Batteriegehäuse unten anbringen. Stelle dabei sicher, dass du den Schalter noch bedienen kannst.

23

Die letzte Pappscheibe gegenüber auf das Bambusstäbchen stecken und festkleben. Die überstehenden Enden des Stäbchens abschneiden.

24 Jetzt kannst du das kleine Riesenrad einschalten und dich von seiner Bewegung verzaubern lassen!

MINI-WELTEN: DIE TECHNIK DAHINTER

Winzige und große Einheiten

Unser Universum besteht aus gigantischen Dingen wie Galaxien, aber auch aus Dingen, die so winzig sind, dass wir sie gar nicht sehen können, wie beispielsweise Atomen. In der Wissenschaft werden Atome in Nanometern, Zellen in Mikrometern, Menschen in Zentimetern, Berge in Kilometern und die Sonne in Gigametern gemessen!

Nanometer (nm)

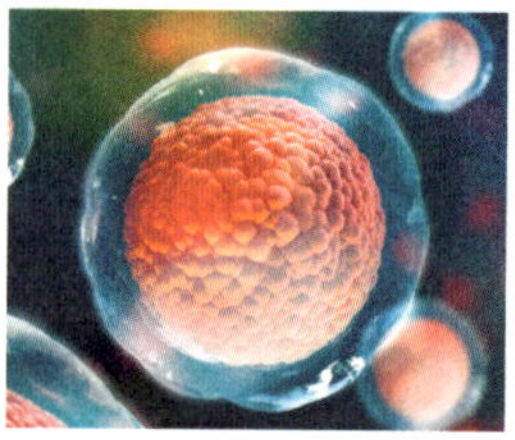

Mikrometer (µm)

Zentimeter (cm)

Kilometer (km)

Gigameter (gm)

In sich geschlossene Ökosysteme

Die Biosphäre ist der Teil unseres Planeten, der Leben enthält. Sie umfasst die Luft, durch die Vögel und Insekten fliegen, und die Tiefen des Ozeans ebenso wie alles Leben, das dazwischen existiert. In einem fest verschlossenen Glas kannst du dein eigenes Pflanzen-Ökosystem züchten: Man nennt das ein Terrarium. Du brauchst die Pflanzen darin nicht zu gießen, denn das Terrarium hat seinen eigenen kleinen Wasserkreislauf.

Katapulte

Riesige Versionen des Katapults in deinem Basketballspiel wurden erstmals im Krieg benutzt, um Projektile auf den Gegner zu schießen. Heute setzt man sie dafür ein, Flugzeuge von Flugzeugträgern zu starten, die nur über eine kurze Startbahn verfügen. Um ein Projektil waagerecht so weit wie möglich zu schießen, sollte der Abschusswinkel 45° betragen.

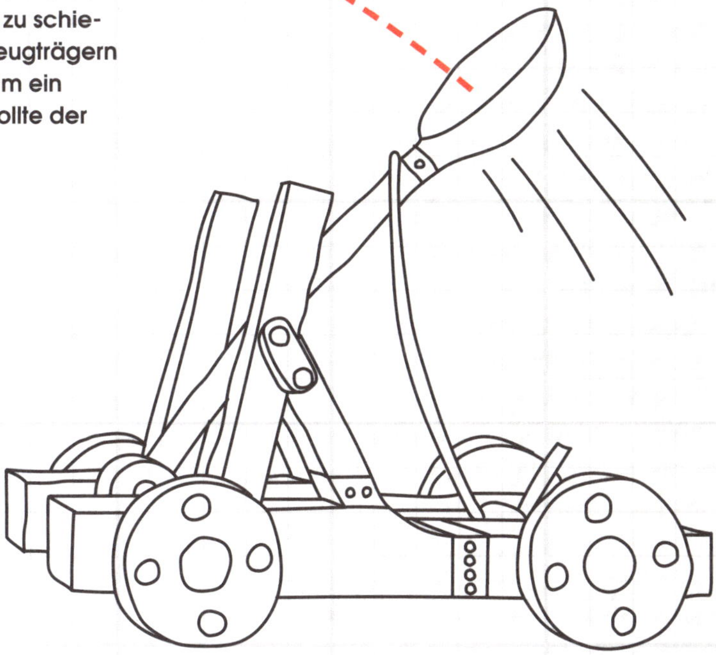

Bei deinem Basketballspiel brauchst du einen kleineren Winkel, damit der Ball höher fliegt und dann in den Korb fällt und nicht am Brett abprallt. Probiere aus, welcher Winkel am besten funktioniert, indem du Holzstäbchen hinzufügst oder entfernst.

Warum haben Basketbälle eine Oberfläche mit Noppen?

Am Anfang wurde Basketball mit Fußbällen gespielt. Diese waren aber rutschig und ließen sich nur schlecht festhalten, was ein großes Problem darstellte. Wissenschaftler entwickelten einen neuen Ball, der größer ist und hunderte kleiner Erhebungen hat. Diese Erhebungen vergrößern die Fläche, was die Reibung zwischen den Händen der Spieler und dem Ball erhöht und ihn weniger rutschig macht.

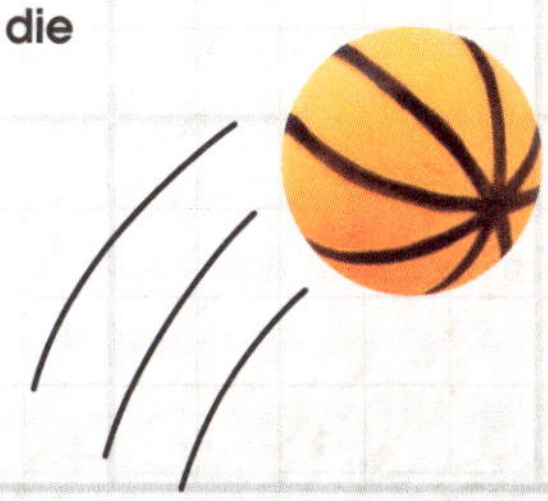

GLOSSAR

Aerodynamik

Das Design einer Form mit dem Ziel, den Widerstand eines durch die Luft fliegenden Objekts geringer zu machen.

Achse

Der rotierende Schaft, der mehrere Räder verbindet.

Ahle

Ein Werkzeug zum Bearbeiten von Holz, das einem Schraubenzieher gleicht und eine scharfe Spitze hat.

Balsaholz

Ein superleichtes Hartholz, das in Zentral- und Südamerika wächst. Perfekt für die Herstellung leichter Projekte.

Bambusstäbchen

Dünne Bambusstäbchen mit scharfer Spitze. Sie werden für Schaschlik verwendet, aber sie sind auch sehr gut geeignet, um leichte Achsen herzustellen.

Bohrer

Das spiralförmige Metallstück, das in eine Bohrmaschine eingesetzt wird, um ein Loch zu bohren. Es gibt sie in verschiedenen Größen und zum Bearbeiten verschiedener Materialien.

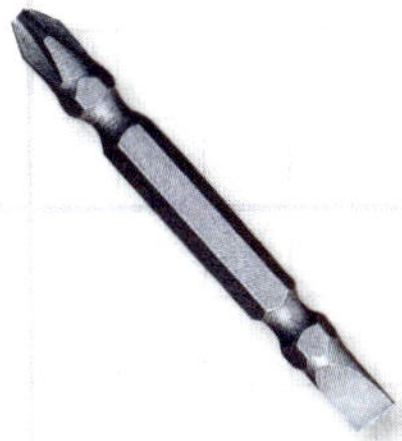

Dichte

Die Masse eines Objekts im Verhältnis zu seiner Größe.

Durchmesser

Die Länge einer Linie von jedem Punkt eines Kreises zur gegenüberliegenden Seite.

Flaschenzug

Ein Rad mit einer Rille in der Mitte, durch die ein Seil oder eine Kordel läuft. Er wird benutzt, um schwere Lasten leichter heben zu können.

Führungsbohrung

Ein kleines Loch, das meistens mit einer Ahle gebohrt wird, um zu verhindern, dass der Bohrer beim Bohren größerer Löcher wackelt.

Holzdübel

Ein langes, dünnes, zylindrisches Stück Holz, das häufig als Achse verwendet wird.

Hydraulik

Die Verwendung von Flüssigkeiten unter Druck, um Maschinen zu betreiben.

Isolator/Nichtleiter

Etwas, das weder Elektrizität noch Wärme leitet.

GLOSSAR

(Knopf-)Zelle

Zellen sind Einheiten innerhalb einer Batterie. Knopfzellen sind kleine Batterien in Münzenform.

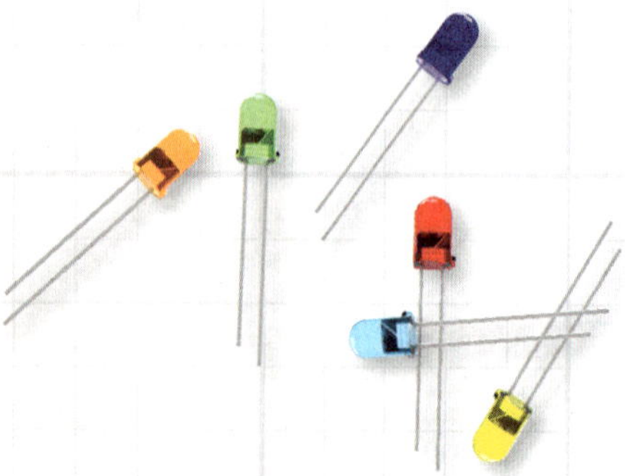

LED

Eine licht-emittierende Diode ist ein Halbleiter, der Licht ausstrahlt, wenn Strom durchgeleitet wird. Eine großartige, energieeffiziente Lichtquelle für elektrische Projekte.

leitend

In der Lage, etwas zu leiten, meist Hitze oder Elektrizität.

Lüsterklemme

Ein Kunststoffblock mit Klemme, den man zum Verbinden von Drähten verwendet. Meistens werden Lüsterklemmen mit einem kleinen Schraubenzieher festgezogen.

Schaltplan

Ein Diagramm, das alle Komponenten eines Stromkreislaufs in einfacher Form aufzeigt.

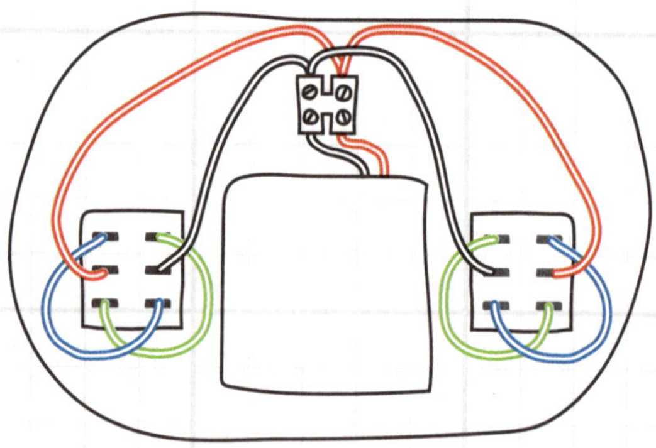

Schraubzwinge

Eine Schraubklemme, die meist an einer Werkbank befestigt wird. Man fixiert damit Gegenstände an der Werkbank.

Stromkreislauf

Ein geschlossener Kreis, durch den Elektrizität fließen kann. Er besitzt meist Schalter, Lampen und Widerstände oder andere elektrische Komponenten.

Wellpappe

Wellpappe besteht aus zwei dünnen Kartonschichten mit einer Schicht aus gewelltem Karton dazwischen.

Zahnrad

Ein Rad mit Zacken, das mit einem weiteren Rad zusammenarbeitet, in das es greift, um Richtung, Geschwindigkeit oder Kraft zu ändern.

Zange

Ein Handwerkzeug zum Schneiden oder Zusammendrücken von Material.

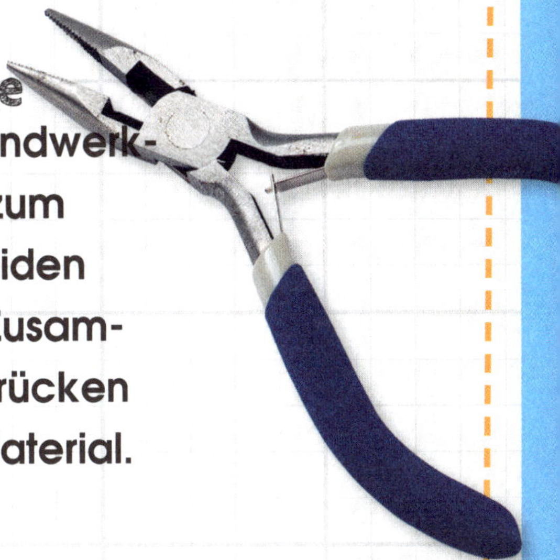

REGISTER

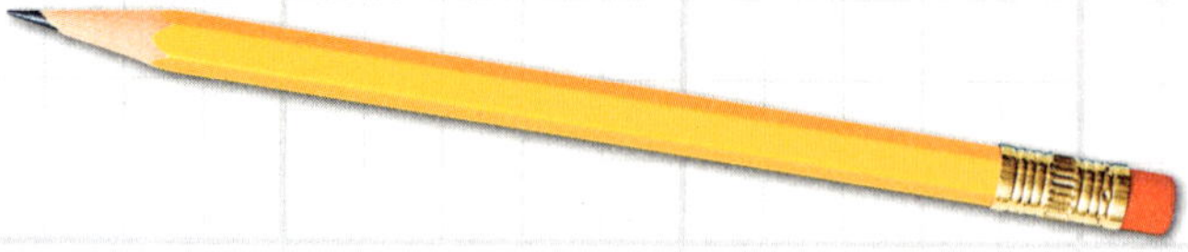